DE CHARYBDE EN SCYLLA : CHRONIQUES DE LA CRISE POSTÉLECTORALE IVOIRIENNE - TOME 1

FAMAHAN SAMAKÉ

Droits d'auteur © 2024
Tous les droits sont réservés

SOMMAIRE

A propos de l'auteur 1

AVANT-PROPOS 2

CHAPITRE I : CONFISCATION DU POUVOIR ET RHÉTORIQUE DE L'OBSCURANTISME 4

   DE L'INCONGRUITÉ DE LA DÉCISION DU CONSEIL CONSTITUTIONNEL 5

   À PROPOS DU MIRAGE DE LA SOUVERAINETÉ DE LA CÔTE D'IVOIRE 10

   DE LA CERTIFICATION DES RÉSULTATS DE L'ÉLECTION PRÉSIDENTIELLE PAR Y.J. CHOI 17

   LE CHANT DU CYGNE 28

   SIMONE GBAGBO ET LE POUVOIR : UN GOÛT D'APHRODISIAQUE 37

   DES PRÉTENDUES RICHESSES DE LA CÔTE D'IVOIRE 43

   DU JOURNALISME PESTILENTIEL DE LMPTV 47

   LA FAILLITE DE LAURENT GBAGBO 53

   LA FAILLITE MORALE DE LAURENT GBAGBO 57

   LE DR GERVAIS BOGA SAKO FACE À L'ÉQUATION DE L'HONNÊTETÉ INTELLECTUELLE 62

   DES AMBITIONS PRÉSIDENTIELLES DE BLÉ GOUDÉ POUR 2015 66

   LA MÉMOIRE SÉLECTIVE DE KOUAMÉ ROSALIE, DITE <<ROSKA>> 70

   CRISE POSTÉLECTORALE EN CÔTE D'IVOIRE : LE HORS-SUJET DES ROMANCIERS AFRICAINS, CALIXTHE BEYALA ET TIERNO MONÉNEMBO 78

   LAURENT GBAGBO ET LE CULTE 91

   DE L'HOMME FORT 91

L'U.A. AU PIED DU MUR 95
LE PANEL DE 5 CHEFS D'ÉTAT, OU LA DÉBÂCLE DE L'UNION AFRICAINE 97
C'EST OFFICIEL, L'U.A. ET SON PANEL ONT ÉCHOUÉ ! 102
U.A.: ÉCHEC ET MAT 107
DE L'INCOMPÉTENCE DE L'UNION AFRICAINE 110

CHAPITRE II : IDENTIFICATION DES CRIMINELS ET DES CRIMES CONTRE L'HUMANITÉ... 114

LAURENT GBAGBO ET LES MYTHES 115
LAURENT GBAGBO N'A POINT DE JUGEOTE 119
J'ACCUSE ... ! 123
LAURENT GBAGBO ENTRE DÉMOCRATIE ET ''VOYOUCRATIE'' 127
L'ÉTAT CLANDESTIN, INFORMEL ET CRIMINEL 136
CE QUE COÛTE LA VIE HUMAINE 140
EN CÔTE D'IVOIRE 140
CE QUE COÛTE L'HONNEUR DANS LE CAMP LMP 148
LE FPI ET LA DÉMOCRATIE 153
UNE MYTHOLOGIE IVOIRIENNE 158
VANITAS VANITATUM, ET OMNIA VANITAS..................... 162
DE LA NÉCESSITÉ DE COORDONNER EFFICACEMENT LE RALLIEMENT DES FDS AUX FRCI 167
Y EN A MARRE, C'EST TROP FACILE POUR EUX ! 170
LAURENT GBAGBO, UN PIÈTRE HISTORIEN 173
LA PETITE RÉPUBLIQUE DE LAURENT GBAGBO............. 177
LE FACE-OFF LAURENT GBAGBO - ALASSANE OUATTARA, OU LA SUPRÉMATIE DU CERVEAU   SUR LES MUSCLES .. 180
SURTOUT AUCUNE AMNISTIE POUR LAURENT GBAGBO...... 184
ALEA JACTA EST 187

AUX ABOIS !	189
BORIBANA, OU LA FIN DES RECULADES	193
LA LOI DU PLUS FORT	196
L'HISTORIOGRAPHIE DE LAURENT GBAGBO	199
PLAIDOYER POUR UNE RÉSOLUTION ARMÉE DE LA CRISE IVOIRIENNE	207
MON DERNIER APPEL AUX GÉNÉRAUX FÉLONS	211
PLAIDOYER POUR L'ARRESTATION DE LAURENT GBAGBO	215
LETTRE OUVERTE AU PRÉSIDENT-ÉLU : M. OUATTARA, PRENEZ VOS RESPONSABILITÉS !	221

CHAPITRE III : LA CHUTE DE GBAGBO — 225

THE DOWNFALL / LA CHUTE	226
LAURENT GBAGBO, LE FPI ET LA JUSTICE	228
JE NE LES ENTENDS PLUS	232
LA CURIEUSE BAVOURE DE BLÉ GOUDÉ	234
L'HÉRITAGE DE LAURENT GBAGBO	238
LA MORT PROGRAMMÉE DU FPI	241
LE DISCRÉDIT DU FPI	244
REQUIEM POUR UN DICTATEUR	248
DIEU, QU'ILS AVAIENT PEUR DE M. GBAGBO !	250
MES DERNIÈRES VÉRITÉS SUR LA REFONDATION	253
OÙ EST DONC PASSÉE L'ARMÉE DES ANGES DE LAURENT GBAGBO ?	256
LA FIN DES MYTHES	258
TIRER LES LEÇONS DE L'ÈRE GBAGBO	261
LA MÈRE DE TOUTES LES PROPHÉTIES: AINSI ARRIVA LE 33ème JOUR DE MALACHIE	265

A propos de l'auteur

Dr Famahan SAMAKÉ est né le 19 mars 1970 à Kouban, dans l'ancien département d'Odienné, en Côte d'Ivoire. Il est titulaire d'un PhD en Littérature française du XIXème siècle et spécialiste d'Émile Zola et du naturalisme. Citoyen ivoiro-britannique, Il est actuellement enseignant-chercheur à l'Université Alassane Ouattara de Bouaké, en Côte d'Ivoire. Il est également journaliste-chroniqueur, essayiste, romancier, dramaturge, critique littéraire, traducteur et correcteur de littérature générale et chrétienne.

AVANT-PROPOS

Ce livre est un condensé des nombreux articles que j'ai écrits sur la grave crise postélectorale, qui a éclaté dans ma Côte d'Ivoire natale, le 2 décembre 2010. Encore un 2 décembre, comme en 1851, lorsque Napoléon III opérait son coup d'État constitutionnel en France. L'historien Laurent Gbagbo s'inspirait à juste titre de Napoléon Ier, l'oncle de l'autre, au cours de son simulacre d'investiture, le 4 décembre 2010. Il paraphrasa alors celui qui, refusant de se faire couronner par un autre, de peur d'être déchu plus tard, se couronna lui-même et s'autoproclama Empereur des Français, en 1799!

Initialement publiés sur les sites internet venancekonan.com et lebanco.net, certains des textes qui suivent, ont été par la suite reproduits dans la presse écrite en Côte d'Ivoire, ainsi que sur divers sites web et blogs en Suisse, en Belgique, en Guinée, au Cameroun, en France, au Royaume-Uni ou ailleurs, sans que mon avis n'eût été sollicité à cette fin. Cependant, je ne m'en plaignis aucunement, d'autant plus que mon objectif était de m'adresser à une audience, la plus large possible.

Ensuite, la crise ayant pris une tournure tragique, et après que des crimes contre l'humanité ont été commis, dans le seul but de maintenir indûment Laurent Gbagbo au pouvoir, mon inspiration m'a amené à produire plus de cent articles, là où je m'attelais initialement à n'en produire qu'une demi-douzaine. L'idée m'est donc venue, après-coup, de les publier sous forme livresque. Du reste, certains de mes lecteurs parmi les plus assidus, avaient déjà abondé dans ce sens. Je livre donc ce volume à tous ceux et à toutes celles qui ont lu et apprécié certaines de mes pièces, à ces heures de braises et de soufre. Par ailleurs, je rappelle à tous que ceci n'est que ma part de vérité sur la crise postélectorale ivoirienne, qui a éclaté le 2 décembre 2010, pour se conclure seulement le 11 avril 2011. C'est pourquoi, j'encourage tous ceux qui ont une autre part de vérité, différente de la mienne, à l'exprimer. Je reste persuadé, en effet, que de la confrontation de toutes les parts de vérités parcellaires, pourrait naître *la vérité*.

Enfin, je dédie ce livre à tous les Ivoiriens, Maliens, Burkinabès, Nigérians, Nigériens, Guinéens, Béninois, Mauritaniens, Sénégalais, Malaisiens et Français, qui ont payé de leur vie, l'entêtement de M. Gbagbo à confisquer le pouvoir d'État, au moyen de la force armée, et de l'instrumentalisation d'une jeunesse nourrie à la mamelle de la haine et de l'intolérance. Que la mémoire de ces martyrs nationaux et internationaux repose en paix !

CHAPITRE I : CONFISCATION DU POUVOIR ET RHÉTORIQUE DE L'OBSCURANTISME

DE L'INCONGRUITÉ DE LA DÉCISION DU CONSEIL CONSTITUTIONNEL

Des voix plus autorisées que la mienne, dont celle de l'éminent professeur Francis Wodié, ont déjà démontré que Yao N'dré n'a pas dit le droit, le 3 décembre 2010. Point n'est besoin, en effet, d'être un exégète du droit pour lire et comprendre l'article 64 du code électoral ivoirien, car un bon élève de CM2 devrait réussir cet exercice. *''Le Conseil Constitutionnel valide et proclame comme définitifs, les résultats provisoires tels qu'annoncés par la commission électorale indépendante, ou, s'il considère qu'il y a eu fraudes massives, pouvant entacher la sincérité du scrutin, il les invalide et de nouvelles élections doivent être organisées dans les 45 jours suivants''.* Il est surprenant de constater que, Yao N'dré, - ci-devant professeur titulaire (?) de droit, et de surcroît, président du Conseil Constitutionnel de Côte d'Ivoire -, n'ait pas pu lire et comprendre un texte aussi simple que celui-là !

Cet article 64 ne laisse pourtant aucune place à l'interprétation : il ne laisse que deux possibilités au Conseil Constitutionnel, à savoir, entériner les résultats provisoires ou les invalider totalement, en vue de provoquer une reprise de l'élection présidentielle. Cependant, dans une interview récente accordée à RFI – cette radio pestiférée, qu'ils ont bannie en Côte d'Ivoire -, l'aboyeur public du candidat Gbagbo, Pascal Affi N'guessan, aveuglé par son militantisme frontiste, a cru y voir jusqu'à trois possibilités : l'invalidation totale, la confirmation, et, tenez-vous bien, l'invalidation sélective des résultats ! Heureusement que le texte du code électoral a été rédigé dans la langue maternelle du journaliste au bout du fil ! Ce dernier lui a carrément rétorqué que l'article 64 n'offre que deux possibilités, et non pas trois, et que, certainement, l'annulation sélective des résultats n'en faisait pas partie !

En outre, comme l'a affirmé récemment Yacouba Bamba à Paris, Yao N'dré a statué sur les requêtes du candidat Gbagbo *ultra petita*, c'est-à-dire, au-delà de sa saisine. Au lieu de statuer sur les allégations de fraudes massives, dans quelque sept départements, le conseil constitutionnel a cru devoir rendre un meilleur service au camarade Laurent, en annulant le scrutin dans treize départements au lieu de sept : *Bouaké, Korhogo, Ferkessédougou, Katiola, Boundiali, Dabakala, Séguéla, Botro, Niakaramandougou, Kouto, Ouangolodougou, Sinématiali et Kani*. En effet, l'annulation du scrutin dans les sept départements initialement indexés, ne donnait toujours pas la victoire au candidat Gbagbo, ainsi que l'a montré, plus d'une fois, Young-Jin Choi, le représentant spécial du secrétaire général de l'ONU, en poste à Abidjan, et certificateur du processus électoral.

C'est donc écœurant d'entendre de sinistres individus, tels que le fameux docteur (?) Gervais Boga

Sako, vociférer, ou le sénile cardinal Bernard Agré, maugréer sur les plateaux de la RTI, que dis-je ? de LMPTV, que le Conseil Constitutionnel ayant tranché, l'on devrait se coucher, face contre terre, et chanter *amen* ! Si le ridicule tuait ! On sait tous, sans exception, que Yao N'dré n'a pas dit le droit. Dès lors que l'institution juridique n'a pas dit le droit, et que, ce faisant, il s'est substitué au peuple souverain de Côte d'Ivoire, pour nommer un président de la République, aucun citoyen de ce pays n'a obligation de se soumettre à une décision aussi inique : on s'incline devant la force du droit, et non devant le droit de la force ! Notre constitution ne reconnaît en effet que le président élu au suffrage universel direct. En français – cette explication s'adresse au Dr Boga Sako, au Pr Yao N'dré et au cardinal Agré -, cela signifie que la voix de chaque électeur ivoirien compte, et que le vainqueur de l'élection est le candidat qui a recueilli 50% des suffrages exprimés, plus une voix. Or le candidat Alassane Ouattara, ayant obtenu près de 400.000 voix de plus que son concurrent, s'est vu dépouiller de quelque 550.000 voix par Yao N'dré et ses acolytes. Je mets donc quiconque au défi – Affi N'guessan, Boga Sako, Bernard Agré, et bien d'autres – de me montrer la moindre ligne, aussi bien dans la constitution de notre pays, que dans le code électoral ivoirien, qui donne à Yao N'dré, ou même au Conseil Constitutionnel, le pouvoir d'annuler la voix d'un seul électeur ivoirien dûment exprimée. Et je ne parle même pas de l'ensemble des suffrages exprimés dans une région entière, *a fortiori* dans sept ou treize départements ! Je me demande quelle université a pu produire un si piètre docteur que ce Boga Sako ! Que je plains les étudiants condamnés à l'avoir pour professeur ! Pitié pour eux, car ils n'ont guère été gâtés par le système académique ivoirien.

Ces messieurs poussent pourtant la malhonnêteté intellectuelle jusqu'à comparer le coup de force électoral du camarade Laurent à l'élection de George Bush en 2000. Ah, si le ridicule tuait ! Le cardinal Agré, qui prétend se trouver sur la terre américaine à ce moment-là, n'a visiblement pas mis ce séjour à profit pour lire la constitution américaine. Autrement, il se serait rendu compte de ce que le président américain est élu par la minuscule assemblée de 270 grands électeurs – *electoral college*, et non élu au suffrage universel direct, comme c'est le cas en Côte d'Ivoire. Si le suffrage universel direct s'appliquait dans le système électoral américain, Al Gore serait déclaré vainqueur du scrutin puisqu'il avait recueilli plus de voix que son adversaire. Et aucune cour suprême américaine n'aurait pu annuler le scrutin dans un des cinquante États de l'union, quelque petit qu'il fût. Qu'on me dise depuis quand Yao N'dré et ses acolytes sont devenus de grands électeurs ! Quel texte constitutionnel, ou assimilé, leur donne le pouvoir de tripatouiller les résultats provisoires, d'annuler la voix dûment exprimée par un seul électeur ivoirien, à plus forte raison celles de quelque 600.000 de leurs concitoyens ? Si le Conseil Constitutionnel est désormais notre *electoral college*, pourquoi avons-nous jugé nécessaire de procéder à une élection présidentielle à deux tours ? On aurait pu gagner du temps et économiser des centaines de milliards, en demandant tout simplement à M. Yanon Yapo de nommer Laurent Gbagbo président de la République en 2005, puis à M. Yao N'dré de le nommer à nouveau président en octobre 2010. Ce serait plus constitutionnel et cela mettrait sûrement un terme à la crise !

Dr Famahan SAMAKÉ (PhD)
Royaume-Uni
15 janvier 2011

À PROPOS DU MIRAGE DE LA SOUVERAINETÉ DE LA CÔTE D'IVOIRE

Les refondateurs, ayant lamentablement échoué à refonder la Côte d'Ivoire pendant les dix dernières années, aspirent à présent à ouvrir un chantier nouveau, et autrement plus exaltant : mener à bien la lutte épique, afin d'assurer la souveraineté du pays et, partant, la lutte globale de libération de l'Afrique tout entière ! Quelle vision grandiose ! J'espère de tout cœur que, de mon vivant, ils triompheront sur ces deux fronts, pour que j'aie l'insigne honneur d'écrire, dans un style épique, lyrique et dithyrambique, leur chanson de geste, leur *donsomana,* afin d'édifier les générations futures.

SOUVERAINETÉ, QUELLE SOUVERAINETÉ?

Sauf que, pour l'heure, leur challenge n'est qu'un leurre : la souveraineté de la Côte d'Ivoire dont ils parlent, n'existe point, et ne pourra jamais exister. Elle n'existe que dans les rêveries des naïfs, qui croient encore dans le succès divin de l'homme oint, Laurent Gbagbo. Qu'on me nomme un seul État, dans le monde imbriqué et interconnecté d'aujourd'hui, connu sous l'épithète de *"village planétaire"*, qui soit véritablement souverain. Surtout qu'on ne me dise pas que la première puissance de ce monde, les États-Unis d'Amérique sont, *stricto sensu,* souverains

; ou que le Japon, l'Allemagne ou la France, sont aussi souverains. Ces pays, en ratifiant plusieurs accords bilatéraux et multilatéraux, en intégrant l'organisation des Nations Unies ou l'Union Européenne, ont fait le sacrifice d'une très large partie de leur souveraineté.

Le Japon est toujours occupé par plus de 50.000 soldats américains et ce, depuis plus de 65 ans. L'Allemagne et la France ont renoncé au Mark et au Franc, leurs monnaies respectives, et doivent se plier aux lois européennes émanant de Bruxelles ou de Strasbourg. L'Allemagne, en particulier, est toujours occupée, depuis 1945, par plusieurs armées, notamment française, britannique, russe et américaine. Les USA sont contraints de se plier aux accords multilatéraux, qui les lient au Canada et au Mexique, au détriment de leur souveraineté nationale. L'ONU exerce en plus comme un autre contre-pouvoir à la force américaine.

MAL GOUVERNANCE ET CRIMINALITÉ D'ÉTAT

Le discours brumeux sur la souveraineté ivoirienne, qui a cours en ce moment, n'est donc que pure diversion : on n'a pas besoin d'être souverain pour se développer. Il n'y a qu'à ouvrir les yeux et voir le Japon et l'Allemagne, pour s'en convaincre, ou même les minuscules Taïwan et Singapour. La misère extrême dans laquelle les Ivoiriens vivent depuis 10 ans est la conséquence de la mal gouvernance, et non celle d'un déficit de souveraineté. C'est la faute à Laurent Gbagbo, dont l'incompétence n'est plus à démontrer ; c'est la faute à son premier gouvernement des professeurs, qui furent incapables de se départir de leurs théories académiques, pour devenir des gestionnaires de la chose publique. C'est la faute à la refondation, qui a confondu les caisses de l'État avec la poche des refondateurs ; c'est la faute à la refondation, qui a fait sien le *divide ut regnes* – divise pour régner - de Machiavel, en cataloguant, en classifiant, en stigmatisant et en piétinant les Ivoiriens. On a ainsi identifié les partisans de Satan – entendez les militants du RDR – opposés à ceux de Jésus – entendez les suiveurs de Gbagbo, militants du FPI ; les puissants et les maïs – belle réification de tous les militants de l'opposition, à qui l'on dénie la qualité d'êtres humains, et qui peuvent donc être mangés à toutes les sauces ! Ne croyez surtout pas que le cannibalisme, qui se cache derrière cette pensée, n'est que virtuel, car ce serait faire fausse route : il suffit de se souvenir du charnier de Yopougon, dès octobre 2000, des massacres commis du 4 au 5 décembre 2000, ceux de janvier 2001, des exécutions extrajudiciaires, perpétrés par les escadrons de la mort, entre le 19 septembre 2002 et décembre 2002, des meurtres d'Émile Téhé, du docteur Dakoury-Tabley, de Camara Yêrêfê dit H, du Colonel Bakassa, du général Guéï Robert, de Rose Doudou Guéï, du capitaine Fabien Coulibaly et de 16 autres proches et gardes du corps du général Guéï, du charnier de Monoko-Zohi, des massacres de mars 2004 et de février 2010, de la boucherie des 16 et 17 décembre 2010, ainsi que de tous les enlèvements, disparitions forcées et exécutions extrajudiciaires, depuis le 27 novembre 2010 à ce jour, pour se convaincre de ce que ces Hannibals d'Éburnie sont bien réels.

UNE QUESTION DE MONNAIE ?

Néanmoins, je suis franchement émerveillé par la naïveté des pontes de la refondation, qui pensent qu'il suffit de battre monnaie pour être prospère, ou pour devenir souverain et indépendant. Ils ont même fait circuler un prototype de leur monnaie, la MIR (monnaie ivoirienne de la résistance). En changera-t-on le nom, une fois que la résistance sera achevée, et que l'on aura remporté la victoire ?

Supposons tout bonnement que Laurent Gbagbo parvienne à se maintenir au pouvoir durant les cinq prochaines années, contre vents et marées. Supposons qu'il batte véritablement monnaie, avec sa photo bien imprimée sur ses billets de banque, qu'il ait sa banque centrale installée à Abidjan. Il n'en sortirait pas moins des ornières ! Car une monnaie n'est forte que lorsqu'elle repose sur une économie forte. À l'allure où va l'économie ivoirienne, depuis le 28 novembre 2010, je ne vois pas comment une monnaie pourrait reposer sur elle. Cette monnaie virtuelle vaudrait combien par rapport au dollar ou à l'euro ? Quel serait son rapport avec le franc CFA ? À moins que la Côte d'Ivoire arrête de commercer avec les pays de l'hinterland, qui utilisent tous le franc CFA. Ce serait sans doute là une des conditions de notre souveraineté totale : nous renfermer sur nous-mêmes, en vase totalement clos.

Cependant, tout le monde sait que pour financer la prospérité, il ne suffit pas de fabriquer suffisamment de billets de banque, sinon les américains et les britanniques fabriqueraient des milliards de dollars et de livres sterling pour chacun de leurs citoyens. Bêtement cependant, certains rêvent de devenir subitement millionnaires, dès lors que Gbagbo aura quitté la zone CFA, pour avoir sa propre monnaie. Qu'ils se renseignent et ils verront que le sily n'a pas sauvé la Guinée de Sékou Touré, encore moins le dollar de Robert Mugabe au Zimbabwe, ni même le zaïre de Mobutu au Zaïre. Une monnaie circonscrite à l'espace économique restreint de la Côte d'Ivoire ne résoudrait absolument rien : elle ne nous apporterait ni la prospérité, ni ne garantirait notre souveraineté. C'est juste une illusion que les refondateurs *gnarus* vendent à leurs suiveurs ignares.

LA SEULE QUESTION QUI VAILLE : QUI A REMPORTÉ L'ÉLECTION ?

Désemparés par leur échec cuisant et retentissant à la dernière présidentielle, les refondateurs s'évertuent à déplacer le problème : on ne parle plus d'élections perdues par le camarade Laurent, mais de coup d'État de la communauté internationale, en vue d'imposer Alassane Dramane Ouattara aux Ivoiriens, par les armes. Si vraiment le ridicule tuait ! La seule vérité qui vaille, c'est que M. Alassane Dramane Ouattara a gagné les élections avec 54,10% des voix, et, jusqu'à preuve du contraire, ce sont des Ivoiriens, régulièrement inscrits sur la liste électorale, qui ont porté leur choix sur lui. Il est donc majoritaire dans ce pays, à l'heure actuelle. Ni Laurent Gbagbo, ni Yao N'dré et son conseil constitutionnel, n'ont mis en doute les chiffres donnés par la CEI. Tout au plus, ils disent, Alassane Dramane Ouattara a battu M. Gbagbo par la fraude, donc il faut invalider le scrutin dans treize départements entiers, qui lui sont très favorables de toute façon. Ainsi on peut reprendre les calculs sur la base des départements restants, de sorte que Laurent Gbagbo puisse passer devant, avec 51,45% ! Toutes ces manœuvres pour une si maigre moisson ? Et comme le hold-up électoral a eu lieu en pleine journée, au moment où le monde entier avait les yeux ouverts, et veillait au grain, la supercherie n'est pas passée.

Les dirigeants du monde entier, à l'exception du très démocrate Yahya Abdul-Azziz Jemus Junkung Jammeh de Gambie, et du très démocrate guérillero José Eduardo Dos Santos d'Angola, exigent que Laurent Gbagbo cède le fauteuil présidentiel à celui qui l'a défait dans les urnes. Et voilà les refondateurs qui mettent la tristement célèbre LMPTV sur la sellette pour *vuvuzéler* – si je puis me permettre ce néologisme - que c'est un complot de la France, des USA, de la communauté internationale, de la CEDEAO, de l'UA, de l'UE... Donc, le monde entier est contre vous ? C'est parce que vous êtes dans le faux et le dilatoire ! Vous ne pouvez pas avoir raison sur le monde entier, car il y a dans chaque pays, des hommes et des femmes honnêtes. Si vous aviez gagné ces élections dans les urnes, il se serait trouvé des chefs d'État, qui auraient félicité M Gbagbo, et absolument aucun d'entre eux ne menacerait de le renverser par *"la force légitime"*. Cela suffit pour confirmer ce que tout le monde sait : Alassane Dramane Ouattara est le seul vainqueur de cette présidentielle et, comme l'a dit Kofi Annan, aucune répression, quelque féroce et quelque longue soit-elle, ne saurait transformer la victoire de Ouattara en défaite, ni la défaite de M. Gbagbo en victoire.

Dr Famahan SAMAKÉ (PhD)
Royaume-Uni
17 janvier 2011

DE LA CERTIFICATION DES RÉSULTATS DE L'ÉLECTION PRÉSIDENTIELLE PAR Y.J. CHOI

Une question de sémantique en guise d'introduction

Dans la première décade de janvier 2011, j'ai pu suivre l'ex-président ivoirien, Laurent Gbagbo, interviewé par Michel Denisot, sur le plateau du Grand Journal de Canal Plus. L'ancien professeur d'histoire a cru pouvoir s'essayer à un exercice de sémantique, en définissant *la certification*. Pour lui, la certification signifierait que Young-Jin Choi devait simplement se prononcer sur le déroulement correct de l'ensemble du processus électoral, en constatant notamment que toutes les étapes avaient été suivies ! Mais qu'en aucun cas, cela ne signifiait que le représentant spécial du secrétaire général de l'ONU, devait se prononcer sur la validité des résultats. Sans blague ! Comme en face il avait affaire à un journaliste, un vrai professionnel, qui non seulement connaît son métier, mais qui maîtrise aussi sa langue maternelle, cette supercherie n'avait aucune chance de prospérer.

Michel Denisot lui a en effet coupé la parole pour ainsi dire : <<*Ah, non ! la certification, ça signifie la validation des résultats de l'élection, comme étant sincères>>*. Le refondateur en chef a semblé sonné par cette réplique, qui démontrait soit sa mauvaise foi, soit sa méconnaissance de la sémantique.

Une question d'honneur

Mais la mauvaise définition que l'ex-président tentait de donner au vocable simple qu'est la certification, s'inscrit dans le cadre général du haro que ses thuriféraires crient sur Young-Jin Choi. À les entendre, ce dernier aurait outrepassé son mandat de certification. Selon eux, il ne devait certifier que les résultats définitifs, tels que proclamés par le Conseil Constitutionnel, quand bien même à l'évidence, cette institution a tout dit, sauf le droit ! Le certificateur devrait donc être une simple caisse de résonance au Conseil Constitutionnel. Désolé, mais certifier ne veut pas dire avaliser le mensonge grossier, mais plutôt attester de la certitude, de la vérité, de la sincérité. Il y a donc que l'honneur du certificateur est engagé par le processus de certification dont il a la charge. Comme les asiatiques – Japonais, Coréens et Chinois, notamment – sont des hommes d'honneur, je ne voyais pas comment Young-Jin Choi avaliserait le brigandage juridique de Yao N'dré, pour faire plaisir au locataire du palais présidentiel, au risque de se déshonorer. Aucune somme d'argent n'aurait pu acheter sa conscience, et c'est pourquoi, il a pris sur lui de ne certifier que les seuls résultats qu'il a trouvés conformes à la réalité du scrutin. Il se trouve tout bonnement que les résultats provisoires tels que proclamés par la CEI, étaient ceux qui correspondaient au verdict des urnes, et non pas ceux de M. Yao N'dré. À partir de cet instant, le certificateur n'avait point d'état d'âme : les Ivoiriens et le monde entier le regardaient, et son honneur était en jeu. Il a choisi d'agir selon ce que son honneur commandait de faire, malgré les menaces qui pèseraient sur sa sécurité. Si seulement nos intellectuels, journalistes, cardinaux et évêques, avaient autant d'honneur que ce monsieur Choi !

Du caractère provisoire des résultats de la CEI

J'entends des illuminés, comme Claude Franck Abbout, Herman Aboa, le fameux Dr Boga Sako et bien d'autres, qui s'échinent à persifler les résultats provisoires, car, selon eux, provisoire signifierait faux, fallacieux, non conforme, et donc à ne pas prendre en considération. La vérité est que provisoire ici signifie simplement ce qui attend d'être confirmé par le Conseil Constitutionnel – s'il n'y a pas eu de fraudes massives -, ou ce qui est transitoire, et peut donc être rétracté, et annulé, s'il découle de fraudes massives. C'est tout et rien d'autre. Quand bien même le Conseil Constitutionnel annulerait les résultats provisoires, cela ne lui donne aucun pouvoir d'effacer quelques départements, choisis dans le fief électoral d'un candidat, pour reprendre les calculs sur la base des résultats restants, et, enfin, de faire du perdant, un vainqueur, et du vainqueur un perdant. Cette prestidigitation juridique, à laquelle Yao N'dré et ses comparses se sont livrés, n'engage qu'eux seuls, et ceux qui veulent leur accorder quelque crédit que ce soit. Choi a joué son rôle jusqu'au bout, sans rechigner, sans fléchir, sans peur : il a certifié d'abord les audiences foraines, la liste électorale définitive, les résultats du premier tour de l'élection présidentielle, et, enfin, les résultats du second tour, tels que proclamés par la CEI - ceux du Conseil Constitutionnel étant nuls et de nul effet.

De la nécessité de la certification onusienne

Les acteurs politiques ivoiriens, sachant qu'ils ne se font aucunement confiance, ont cru bon, à Pretoria, de demander que l'ONU certifie l'élection présidentielle. C'était pour s'assurer que ni le pouvoir en place, ni l'opposition, ne sauraient en tripatouiller les résultats. Bien entendu, la certification onusienne interviendrait en aval du processus, plutôt qu'en amont. En termes clairs, ni les résultats donnés par la CEI, ni ceux du Conseil Constitutionnel, ne seraient valables s'ils n'avaient été certifiés par l'ONU. La certification est donc juridiquement supérieure à la proclamation des résultats dits définitifs ; autrement, on aurait eu les résultats provisoires de la CEI, ensuite la certification de l'ONU, et enfin les résultats définitifs du Conseil Constitutionnel. Or on a tous bien vu qu'au premier tour, comme au second, il y a d'abord eu les résultats provisoires de la CEI, puis les résultats définitifs du Conseil Constitutionnel, et, au bout de la chaîne, la certification onusienne. Bien sûr, ceux de LMP, qui feignent de rejeter la certification de l'ONU, savent tout ceci. De plus, contrairement au Conseil Constitutionnel - qui n'a jamais pris soin d'analyser l'ensemble des quelque 20.000 procès-verbaux -, Young-Jin Choi a mis sur pied plusieurs équipes de centaines de fonctionnaires onusiens, afin de dépouiller, d'analyser, de vérifier et de compiler lesdits procès-verbaux, et ce, sur trois jours consécutifs, afin de forger sa propre opinion sur cette élection du second tour. Il ne s'est donc pas contenté d'entériner les résultats provisoires proclamés par Youssouf Bakayoko de la CEI.

Au contraire, avec sa méthodologie rigoureuse et impartiale – à moins que ces centaines de fonctionnaires onusiens fussent des militants du RHDP –, il est arrivé tout simplement à la conclusion que le candidat Ouattara était le vainqueur de l'élection présidentielle. Ceux qui vilipendent Choi et dénoncent l'ingérence de l'ONUCI dans nos affaires intérieures ont la mémoire courte : ses hélicoptères ont transporté, à temps, tout le matériel électoral d'Abidjan jusque dans chaque village de Côte d'Ivoire, où se trouvait un bureau de vote ; ils ont ramené vers les CEI communales, départementales, régionales, et enfin à la CEI centrale, tous les procès-verbaux, ainsi que les urnes. L'ONUCI était donc la cheville ouvrière du processus électoral ivoirien, et je constate que ceux qui la pourfendent aujourd'hui s'étaient tu hier. L'ONUCI avait une copie de chaque procès-verbal, ainsi que le facilitateur du dialogue direct d'Ouagadougou, la CEI centrale et le représentant de chacun des deux candidats en lice. Même l'ambassade des USA et l'Union Européenne étaient impliquées à divers niveaux dans cette élection, que tout le monde savait potentiellement houleuse. Cette forte ingérence étrangère – du Burkina Faso, des USA, de l'UE, de l'ONU – n'avait été décriée par personne au premier tour, tant que M. Gbagbo devançait ses treize concurrents. Il a fallu qu'il perdît au second tour pour que, subitement, des hiboux se déchaînassent, et, dans leurs hululements, clouassent au pilori M. Choi, des organisations internationales, ainsi que tous les ambassadeurs de pays hostiles à la confiscation du pouvoir d'État par Laurent Gbagbo : USA, UE, France, CEDEAO, UA, OIF, ONU. Toutes ces entités seraient des incarnations du diable, des antéchrists, et devraient donc être combattues.

On fait même appel à Jésus, ce frère jumeau de M. Gbagbo, qui viendrait rétablir la vérité – entendez tuer Alassane Ouattara pour que Laurent puisse gouverner ce pays *ad vitam aeternam*. À partir de là, tous ceux qui ne se couchent pas pour dire à M. Gbagbo, ''*Dominus vobiscum*'' – le Seigneur soit avec vous ! – se voient appliquer le fameux *argumentum baculinum* – l'argument du bâton ! Combien sont-ils, ces anonymes qui ont payé de leur vie, leur opposition à l'usurpation d'un pouvoir que Gbagbo a perdu dans les urnes, et qu'il s'échine à arracher de force ? Or la force ne fait pas droit, pour reprendre le mot de Jean-Jacques Rousseau. Qu'on ne s'y trompe point : le fait qu'il a eu l'ingénieuse idée de faire maquiller son hold-up électoral par une décision du Conseil Constitutionnel n'y change rien ! Le camarade Laurent a simplement usé du droit du plus fort, en lieu et place de la force du droit, qui obligeait les *Magnificent Seven* de Yao N'dré – alias Clint Eastwood –, à invalider tout le scrutin, et à provoquer de nouvelles élections dans les 45 jours, si tant est que fraudes massives il y avait eu. En retournant la parole au peuple, pour se prononcer une nouvelle fois, le Conseil Constitutionnel retournerait au peuple sa souveraineté. Cependant, en choisissant la voie sans issue, qui consiste à tendre une courte échelle au candidat Gbagbo, le Conseil Constitutionnel a piétiné la constitution et usurpé la souveraineté du peuple. Dès lors, il se disqualifie totalement, et dès lors, plus aucun citoyen ivoirien n'est tenu de respecter sa décision. Il en va de même pour toute entité régionale, continentale et mondiale.

Finalement, l'épilogue de cette élection présidentielle montre bien que les acteurs politiques ivoiriens avaient bien raison de n'avoir aucune confiance dans leurs institutions, au premier rang desquelles se trouve le Conseil Constitutionnel. Aussi bien Yanon Yapo que Yao N'dré avaient un devoir de gratitude envers le camarade Laurent, là où leurs fonctions exigeaient un devoir d'ingratitude.

De la victoire mythique de Gbagbo

Si tant est que Gbagbo a gagné, - brillamment, disent certains, sans rire -, pourquoi hésiterait-il à inculper Alassane Ouattara de haute trahison ? Après tout, on aurait en face un homme défait dans les urnes, qui usurpe la fonction présidentielle, qui nomme un gouvernement, qui fait représenter la Côte d'Ivoire à l'étranger, par ses ministres, qui dégomme les ambassadeurs dûment nommés par le président légitime, et les fait remplacer par ses obligés – agréés entre-temps par l'ONU, les USA, la France, la Belgique, en attendant le Royaume-Uni et les autres. Il n'y a pas pire trahison que cela ! Il va même jusqu'à arracher la signature sur les comptes de l'État au ''président de la République''. Et M. Gbagbo qui veut s'asseoir et discuter ! Qui veut partager le pouvoir ! Lui qui n'avait rien vu en face, ou plutôt si, du maïs frais, bouilli ou ''braisé'', bon à croquer ! Soyons sérieux ! Le Gbagbo que je connais ne discuterait de rien, ni ne partagerait rien, s'il avait été dans son bon droit, à la suite d'une victoire éclatante. La victoire de Gbagbo n'est rien d'autre qu'une chimère, un mythe, qui n'existe que dans le subconscient de ses suiveurs. Et que dire de cet Alcide Djédjé, qui demande à Olusegun Obasanjo, d'intervenir auprès d'Alassane Dramane Ouattara, afin que ce dernier arrête de nommer les ambassadeurs ivoiriens à l'étranger ? Il y a de quoi, car ils ont beaucoup de complices, qui seront mis au chômage sous peu.

De la faible diplomatie de Laurent Gbagbo

Dès que M. Gbagbo a pris le pouvoir, dans des conditions calamiteuses en octobre 2000, beaucoup de gens bien-pensants se sont inquiétés de le voir se faire représenter partout dans le monde, par des obligés, n'ayant aucun background diplomatique : l'enseignant Koudou Kessié a fait ses valises pour Paris ; l'enseignant Djangoné Bi a fait les siennes pour New York, au siège de l'ONU ; mon ancien professeur de théâtre à l'université d'Abidjan, Léonard Kodjo, s'est retrouvé à Ouagadougou ; l'instituteur Zadi Gnakpa a raccroché sa salopette d'ouvrier dans les usines italiennes, pour enfiler la redingote d'ambassadeur à Rome ; le professeur Pierre Kipré s'est retrouvé à Paris, lorsque Koudou Kessié a été muté à Tel Aviv ; Tiéti Roch, alias Freedom Neruda, journaliste (?) à Notre Voie, s'est retrouvé au pays des Mollahs, à Téhéran ; Diabaté Aboubakar Sidick, alias

DAS, directeur de publication du même journal, s'est envolé pour l'Angola. Les exemples sont légion, même l'Alcide Djédjé, bombardé ensuite à l'ONU, et promu récemment ministre des Affaires Étrangères du gouvernement illégal et illégitime d'Aké N'gbo, n'a pas la moindre formation en diplomatie.

Aujourd'hui, le chef des refondateurs paie cash le prix d'une telle désinvolture. Car, ainsi que l'a déjà relevé notre brillant compatriote, Vincent Toh Bi Irié, M. Gbagbo est indubitablement victime de sa faible diplomatie : il a eu tort de penser que les chancelleries à l'étranger servaient exclusivement à caser, donc à trouver de l'emploi pour les membres du clan, n'ayant point bénéficié d'un poste ministériel, ni de celui de PCA d'entreprises publiques. Voilà qu'avec le retour de ses émissaires peu formés à la diplomatie, il doit gérer un chômage en masse. Or tous les postes au pays sont déjà pris ! Comment caser tous ces nouveaux chômeurs une fois revenus à Abidjan ? Sans doute les ambassadeurs de carrière, qu'il avait dégommés au profit de ses frères bétés, pourraient lui écrire un opuscule sur la vie des ambassadeurs sans affectation. Les autorités britanniques, pour leur part, ont déjà signifié à Djangoné Bi, par écrit, que sa famille et lui-même devraient avoir quitté le territoire du Royaume-Uni, avant le 31 janvier 2011, délai de rigueur. L'ambassadeur Djangoné Bi est effectivement rentré à Abidjan, avec famille et bagages, depuis le vendredi 4 février 2011. Nul doute que ses collègues, qui ont eu la maladresse de confondre leur sort avec celui de M. Gbagbo, où qu'ils soient, seront logés à la même enseigne.

De la fin du film

En février 2010, au moment de la dissolution de la CEI, et du premier gouvernement Soro par Laurent Gbagbo, celui qui était encore le président de la République, avait annoncé pour bientôt la fin du film. D'aucuns se sont interrogés sur le titre de ce film mystérieux, tandis que les autres s'interrogeaient sur le genre cinématographique auquel il appartenait. Eh bien, je puis dire aujourd'hui qu'il s'agissait des *Magnificent Seven*. Il y a, dans le rôle éponyme des *Magnificent Seven*, Yao N'dré et ses six acolytes, dits assesseurs, tous nommés par Laurent Gbagbo et son ami Mamadou Koulibaly ! Ces sept messieurs et dames, comme de véritables *pistoleros* du droit, étaient commis à la tâche scélérate de rayer d'un trait de plume, les résultats de tous les départements outrageusement favorables au candidat Alassane Ouattara, *le chef bandit*, selon le mot de la femme fatale, Simone Gbagbo. Vous conviendrez avec moi que la meilleure façon de gagner une élection de cette nature, c'est précisément d'invalider le scrutin dans tous les départements largement favorables à votre adversaire, et de refaire le calcul sur la base des départements restants, c'est-à-dire, là où vous êtes largement en tête ; là où vous êtes au coude-à-coude avec l'adversaire ; et enfin en tolérant quelques départements marginaux et moins peuplés, où vous êtes certes distancé, mais sans graves conséquences.

Ceux qui justifient cette grossièreté font semblant d'ignorer que, si l'on invalide la seule région de *l'Agnéby – Akoupé, Agboville et Adzopé -*, Laurent

Gbagbo redevient perdant, malgré l'annulation concomitante de *Bouaké, Korhogo, Ferkessédougou, Katiola, Boundiali, Dabakala, Séguéla, Botro, Niakaramandougou, Kouto, Ouangolodougou, Sinématiali et Kani* au détriment de son adversaire. C'est ainsi que Gbagbo voyait donc la fin du film : soit il gagnait dans les urnes et tous ses adversaires le félicitaient pour sa brillante victoire, soit il perdait dans les urnes et son ami Pablo le proclamait président élu, définitivement, au mépris de la vérité sortie des urnes. Mais on voit bien que ça ne marche pas, et que ça ne marchera point !

Dr Famahan SAMAKÉ
PhD.
Royaume-Uni
7 février 2011

LE CHANT DU CYGNE

C'est connu, le cygne, lorsque sonne son heure de mourir, entonne son chant le plus mélodieux. LMP de Laurent Gbagbo est à l'image du cygne : les faucons du régime et ses laudateurs nous réservent, depuis quelques semaines, leurs chants les plus beaux. Et tout y passe : ils se battent désormais contre la CEDEAO, contre l'Union Africaine, contre l'OIF, contre les ACP, contre la France, contre l'Union Européenne, contre les USA, et, pour couronner le tout, contre l'ONU ! Ce qui frappe ici, ce n'est pas tant la ''noblesse du combat'' – la lutte pour la souveraineté et la dignité nationales –, mais l'étendue inouïe de la ligne de front ! Et c'est sans doute à leur honneur d'avoir même rêvé de mener ce combat quasi-universel, qui consiste à affronter le monde entier tout de go, sans procéder par étapes ! De mémoire d'homo sapiens, aucune nation, quelle qu'elle soit, n'a jamais réussi à vaincre le monde entier, et en même temps. Pas même Adolf Hitler, avec toute son armada, lui qui avait eu au moins l'idée ingénieuse d'épargner, au début de son combat, la puissante URSS de Staline, l'impérial Japon et l'Italie de Mussolini –, qui comptaient parmi ses alliés, et les USA de Roosevelt –, susceptibles de compter parmi ses ennemis.

SEULS CONTRE TOUS

A contrario, LMP n'a épargné aucune nation ; elle s'attaque à tout le monde à la fois, puisque tout le monde est partie prenante à l'ONU. Elle ne peut compter, en revanche, que sur une timide alliance de l'Angola d'Eduardo Dos Santos -, qui est même obligé de dissimuler son soutien aux refondateurs, de peur que son pétrole soit mis sous embargo, comme ce fut le cas pour Saddam Hussein, en Irak -, et, à un degré moindre, la minuscule Gambie du dictateur Yahya Jammeh, l'insignifiant Cap Vert de Pedro Pires, et l'hésitante Afrique du Sud de Jacob Zuma. Mais entendons-nous bien : jamais Jacob Zuma ne prendra les armes pour épauler les refondateurs contre une invasion étrangère ; jamais la Gambie et le Cap Vert ne peuvent, non plus, les aider militairement, puisqu'ils n'ont pratiquement pas d'armée ; l'Angola, enfin, ne peut que lui fournir des mercenaires et armes vieillottes, de l'époque de l'ex-URSS, démodées, inefficaces et difficiles à réparer, faute de pièces de rechange. Et elle sera obligée de nier son implication aux côtés du camarade Laurent, comme elle l'a fait en 2002, en 2004, et en décembre 2010.

LES TURPITUDES DES REFONDATEURS

Mais comment en est-on arrivé là ? Le 28 novembre 2010, les Ivoiriens se sont rendus aux urnes, pour élire leur prochain président de la République. Leur choix s'est porté sur le Dr Alassane Ouattara, élu par 54,10 % des électeurs. Le 30 novembre 2010, déjà, les différents candidats ayant consulté les tendances, savaient pertinemment qui avait gagné, et qui avait perdu ces élections. Devant le refus de Laurent Gbagbo de laisser la CEI annoncer les résultats partiels, au fur et à mesure qu'ils lui parvenaient, le camp du RHDP, par la voix de Mabri Toikeuse, a dénoncé la tentative de confiscation du pouvoir par Laurent Gbagbo. La suite fut une pièce de tragi-comédie : Affi N'guessan fit irruption sur les plateaux de la RTI, pour réfuter l'accusation de confiscation du pouvoir, mais aussi pour s'opposer à la proclamation de *"faux résultats"*, consacrant *"un hold-up électoral"* ! Il exigeait que les *"vrais résultats soient donnés"*, c'est-à-dire, ceux *"qui reflètent la vraie opinion des Ivoiriens"* ! En d'autres termes, tout autre résultat que celui qui annoncerait la défaite de Laurent Gbagbo. Toutes les heures qui suivirent, on eut droit à l'incessant ballet d'une cohorte de pseudo observateurs électoraux africains, qui vinrent réciter la leçon de LMP sur de prétendues fraudes massives au nord et au centre du pays, c'est-à-dire, dans les régions où le candidat du RHDP était ultra-majoritaire de toutes les façons.

Ce 30 novembre au soir, au moment où le porte-parole de la CEI allait donner les premiers résultats par région, il fut empêché physiquement de le faire, par les voyous Véhi Topka et Damana Pickass, ci-devant commissaires centraux au sein de la CEI, au titre de LMP. On arracha et on déchira les feuilles de papier qui portaient lesdits résultats. Cette image ahurissante et surréaliste a fait le tour du monde, en quelques minutes : le monde entier savait, dès lors, que le candidat Laurent Gbagbo avait perdu les élections.

Le 1er décembre 2010, Affi N'guessan affirmait que si la CEI ne proclamait pas les résultats ce jour-là, elle perdrait la main et ce serait au Conseil Constitutionnel seul de les proclamer. On savait alors le plan de LMP : dessaisir la CEI du dossier électoral, pour le confier aux *Magnificent Seven* de Yao N'dré, dont la fidélité au refondateur en chef ne fait point défaut. Au même moment, la RTI montrait un Blé Goudé, le visage défait par la douleur de la défaite, rendant visite à des militants de LMP, supposés molestés au nord et au centre. L'homme, abattu, n'avait qu'une exclamation à la bouche : *''Ce n'est pas normal !''*. Et le journaliste, qui rendait compte de la visite du général, de dire :*''Tout ça pour devenir président de la République. Est-ce que le jeu en valait vraiment la chandelle ?''*. Les mots ne mentent point : il ne disait pas : ''*tout ça pour rester président*'', mais ''*pour devenir président*''. Lui et Blé Goudé savaient donc déjà, que la présidence de la République avait changé de locataire !

SE PRÉVALOIR DE SES PROPRES TURPITUDES

Le même jour, la RTI était contrainte de plier bagage et de démanteler son studio mobile installé au sein de la CEI. Les journalistes de la presse étrangère étaient vidés des lieux, sans ménagement aucun, et remplacés par la soldatesque du général Dogbo Blé Bruno, pompeusement appelée Garde Républicaine. Ces soldats, armés jusqu'aux dents, et portant le regard des mauvais jours, occupaient la CEI, comme s'ils se trouvaient derrière des lignes ennemies. La conférence de presse prévue à dix heures, ce jour-là, par la CEI, pour donner de nombreux résultats partiels, fut annulée *illico*. L'empêchement de proclamer les résultats prenait ainsi une toute autre allure, car l'enjeu était de taille : passer coûte que coûte le délai de minuit imparti à cette structure, pour donner les résultats, et s'en prévaloir pour la dessaisir du dossier au profit du Conseil Constitutionnel. Les chancelleries accréditées à Abidjan, le savaient, et se succédèrent au siège de la CEI : ce fut d'abord Young-Jin Choi de l'ONUCI, qui effectua deux visites successives au siège de l'institution, pour *"l'encourager à donner les résultats, même si ce n'est pas facile"*, puis les ambassadeurs de France et des USA, ceux de l'Union Européenne et le Nonce Apostolique. Tous encouragèrent le président de la CEI à donner les résultats, mais face aux canons rapprochés des soldats de Dogbo Blé, Youssouf Bakayoko a manqué de courage, jusqu'au 2 décembre. Néanmoins, les chaînes de télévision et de radios étrangères véhiculaient déjà, l'idée que, compte tenu de l'impossibilité d'annoncer les résultats au sein de la CEI, ceux-ci seraient finalement annoncés depuis l'hôtel Sebroko, aux mains de l'ONUCI.

Toutefois, le 2 décembre, il s'est trouvé que M. Choi s'est opposé à la proclamation des résultats, depuis les locaux onusiens -, qui ne font pas partie du territoire ivoirien *stricto sensu* -, d'où l'idée de Guillaume Soro, de faire venir le président de la CEI à l'hôtel du Golf, qui a le double avantage d'être partie intégrante du territoire ivoirien, et d'être sécurisé par les casques bleus onusiens. C'est donc pour cela seul que les résultats ont été proclamés en ce lieu, sur décision du premier ministre, Guillaume Soro, et en tenant compte de l'insécurité notoire qui régnait au siège de la CEI. La suite montre bien qu'ils avaient raison de procéder ainsi, vu les tueries perpétrées par les hommes de Dogbo Blé, les 16 et 17 décembre, aux fins de perpétuer le pouvoir de Laurent Gbagbo. Nul doute que le changement du lieu de la proclamation des résultats leur a coupé l'herbe sous les pieds, les empêchant ainsi de liquider physiquement le président Youssouf Bakayoko et les commissaires du RHDP et des FN.

DU COUP D'ÉTAT ÉLECTORAL

Cependant, Yao N'dré avait déjà annoncé sur les plateaux de la RTI, que son Conseil Constitutionnel avait reçu les documents électoraux, et qu'il proclamerait les résultats définitifs de l'élection dans quelques jours. Pris de court par l'annonce des résultats provisoires par Youssouf Bakayoko, il revint sur les mêmes plateaux, pour nier toute légitimité aux résultats de la CEI, parce que proclamés hors délai, ce qui est fallacieux puisqu'aucun article, ni alinéa de la Constitution ivoirienne, ou même du code électoral, ne stipule que les résultats donnés par la CEI sont nuls et non avenus, dès lors qu'ils ne sont pas publiés dans les 72 heures suivant la fermeture des bureaux de vote ! Il ajoutait, par ailleurs, que le Conseil Constitutionnel est au travail, et que les résultats définitifs seraient publiés dans les toutes prochaines heures, et non plus dans les prochains jours. On se demande donc comment il pourrait réussir l'exploit inédit, de vérifier, d'authentifier et de compiler les 20.000 et quelques procès-verbaux électoraux, en quelques heures seulement, là où les 31 commissaires centraux de la CEI, n'y ont pas réussi en trois jours pleins ! En plus, avec sa main d'œuvre réduite à sept personnes, le Conseil Constitutionnel devait aussi statuer sur les requêtes en annulation du camarade Laurent, en quelques heures, pour juger non seulement de leur recevabilité, mais aussi et surtout, pour juger du fond de la saisine, avant de parvenir à un résultat définitif. La tâche était immense pour sept individus, et le temps trop court pour faire un travail sérieux ; la seule alternative était de bâcler le travail, et de déclarer Laurent Gbagbo élu, coûte que coûte.

Et c'est ce qu'ils ont fait : ils annoncèrent, effectivement, après seulement 18 petites heures de délibération, qu'on imagine très sérieuse – en assumant qu'ils n'ont pas fermé l'œil de la nuit, tant ils étaient consciencieux et sérieux dans leur besogne -, que les requêtes de Gbagbo étaient toutes recevables, mais partiellement fondées. Cependant, ils annulèrent le scrutin dans son ensemble, dans treize départements du nord et du centre, tout en déclarant seulement sept départements frappés par cette mesure. On ne s'arrêta pas là : on annula seulement les voix recueillies par le candidat Ouattara, et on conserva celles glanées par le candidat Gbagbo ; on refit les calculs sur la base de ce que Ouattara a remporté zéro voix dans ces treize départements, qui sont tous ses fiefs électoraux, et où il avait remporté en moyenne 85 % des voix dès le premier tour, devant treize concurrents. Et Laurent Gbagbo triomphait alors brillamment de son adversaire, en le coiffant au poteau ! Rien à dire, 51.45 % des voix contre 48.55 % !

Sauf que la prouesse de Yao N'dré était un peu trop surhumaine, pour ne pas dire grossière ; sa promptitude et sa célérité, sa démesure à statuer *ultra petita*, et à spolier quelque 600.000 de ses concitoyens de leur droit de vote – pour une élection censée se faire au suffrage universel –, n'a trompé personne. La majorité des Ivoiriens ainsi que la communauté internationale rejetèrent sa décision scélérate, et les résultats provisoires de la CEI furent certifiés par l'ONU comme *"conformes aux faits"*.

QUAND LE CIEL NOUS TOMBE SUR LA TÊTE

Le tintamarre de LMP commença dès lors. On dénonça la tartufferie de Choi, qui aurait outrepassé son mandat de certificateur. On fit valoir que la décision du Conseil Constitutionnel étant définitive et susceptible d'aucun recours ; on devait donc tous se coucher et l'avaler en prononçant *amen* ! Des docteurs, des évêques, un cardinal, des journalistes, des juristes, des enseignants et des ignares, furent mis à contribution, pour nous laver le cerveau, pour qu'on se résignât à accepter le coup d'État constitutionnel. Mais rien n'y fit. La communauté internationale se braquait : Laurent Gbagbo fut condamné à Abuja, à Addis Abeba, à Paris, à Washington, à Londres, à Bruxelles, à Madrid, à Ottawa, à New York et ailleurs. On exigea qu'il démissionnât et cédât le fauteuil présidentiel à son vainqueur, le docteur Alassane Ouattara. On retira au président Gbagbo sa signature sur les comptes de l'État ivoirien logés à la BCEAO. On renvoya ses ambassadeurs dans plusieurs grandes capitales. On gela ses biens et ceux de ses proches et soutiens aux USA et dans toute l'Europe, y compris en Suisse. Ils furent frappés d'interdiction de voyager dans lesdits pays. On immobilisa ses avions présidentiels à Bâle et en Amérique. Le gouverneur Dakoury-Tabley fut viré de la BCEAO. Les forces de l'ECOMOG menacèrent de le renverser. Son rival, Alassane Dramane Ouattara, décréta la suspension de l'exportation du cacao, aussitôt entérinée par les USA et les principaux importateurs du cacao ivoirien. En tout, le ciel lui tomba sur la tête.

AMBIANCE DE FIN DE RÈGNE

Cependant, les refondateurs se ruèrent dans les brancards. Ils fustigèrent l'ingérence intolérable des puissances étrangères dans les affaires ivoiriennes, décidèrent de libérer le pays du joug de l'ex-puissance coloniale ; ils jurèrent de créer leur monnaie et menacèrent de se retirer de la zone CFA ; ils réquisitionnèrent le personnel et les locaux de la BCEAO en Côte d'Ivoire ; ils braquèrent la banque centrale et s'emparèrent de quelque trois cent milliards de francs CFA – curieusement, ils semblent encore aimer cette monnaie d'asservissement, tant que ça va dans leurs poches ! – ; ils rassurèrent les exportateurs de café-cacao, tout en rassurant les opérateurs économiques sur la sauvegarde du système bancaire ivoirien ; ils rassurent aussi les fonctionnaires et agents de l'État, sur le paiement de leurs salaires futurs. Ces assurances et réassurances ne rassurent personne pourtant, pas plus que les menaces, qui n'ont ému personne. Car tous semblent pouvoir lire les signes des temps : nous vivons bien dans une atmosphère de fin de règne, d'où ces chants du cygne.

Dr Famahan SAMAKE, Royaume-Uni, le 30 janvier 2011

SIMONE GBAGBO ET LE POUVOIR : UN GOÛT D'APHRODISIAQUE

Certaines femmes, c'est connu, aiment particulièrement les hommes de pouvoir. Plus que le physique de l'homme, elles aiment en lui le pouvoir, qui lui est conféré. C'était le cas chez Faria Alam, ex-maîtresse de Sven-Göran Eriksson, du temps où il était *manager* de l'équipe de football d'Angleterre. C'est visiblement le cas aussi chez Simone Éhivet Gbagbo, ex-première dame de Côte d'Ivoire.

La prise du pouvoir le 25 octobre 2000

Rewind : Pour s'en convaincre, il suffit de rembobiner le film de la prise du pouvoir par Laurent Gbagbo, le 25 octobre 2000. La veille, le général Guéï venait de prêter serment, en qualité de *''premier Président de la Deuxième République''*, sous le regard de l'auguste Tia Koné, président de la Cour Suprême de Côte d'Ivoire. Ce 24 octobre donc, de sa cachette, Laurent Gbagbo appela le peuple *''à descendre dans la rue, jusqu'à ce que le général Guéï recule''*. La suite, on la connaît : les jeunes descendirent dans les rues ; la gendarmerie d'Agban rejoignit le camp Gbagbo, pour attaquer le palais présidentiel du Plateau, où le général et ses gardes - conduits par feu Boka Yapi - s'étaient retranchés. Après 24 h d'affrontements à l'arme lourde, les hommes de

Guéï, à court de munitions, et sans aucune possibilité de se ravitailler, déposèrent les armes. Le général s'enfuit par hélicoptère, et, dans les heures qui suivirent, Laurent Gbagbo prêta serment à son tour, en qualité de *"premier Président de la Deuxième République"*, sous le regard toujours aussi auguste de Tia Koné ! La Côte d'Ivoire venait ainsi d'avoir deux présidents, ayant prêté serment successivement les 24 et 25 octobre 2000. Cette prise du pouvoir par les armes, avec les gendarmes en première ligne contre l'armée de terre, n'était-elle pas déjà un coup d'État ? Mais Laurent et Simone Gbagbo n'en avaient cure. Simone, rayonnante de joie et résistant à un évanouissement, dû à l'intensité du bonheur, ne put s'empêcher d'écraser une larme, au moment où Laurent prêtait serment, en qualité de Président de la République ! Elle n'a jamais été aussi féminine, que ce soir du 25 octobre 2000, lorsqu'elle embrassa son très cher époux de Président, pour le féliciter d'avoir enfin réalisé leur vieux rêve commun.

Qu'importe, si au même moment, Alassane Ouattara appelait ses partisans à descendre eux aussi dans la rue, pour exiger la reprise des élections, cette fois ouvertes à tous – le RDR et le PDCI ayant été exclus du scrutin du 22 octobre, sur ordre de Tia Koné. La soldatesque de Gbagbo les a écrasés, impitoyablement, pour inscrire en lettres de sang, le nouveau pouvoir. La suite logique en fut le charnier de Yopougon, découvert le 26 octobre 2000, et qui ouvrait officiellement notre parenthèse de sang. Justice n'a cependant jamais été rendue à ce sujet, ouvrant ainsi la voie à la prise des armes par le MPCI, le 19 septembre 2002.

La confiscation du pouvoir le 3 décembre 2010

Fast-forward, 3 décembre 2010, au soir, et *bis repetita*. Le Conseil Constitutionnel de Yao N'dré venait juste de prendre une décision carrément scélérate et surréaliste – encore une autre décision de justice douteuse ! – inversant les résultats de l'élection présidentielle, au profit du camarade Laurent. Et il n'y était pas allé de main morte : il a fallu, pour créditer le camarade socialiste de quelque 51,45% des suffrages exprimés, invalider le scrutin, dans pas moins de treize départements du nord et du centre, largement favorables au candidat du RHDP, privant ainsi ce dernier de 550.000 voix.

Néanmoins, des courtisans furent suffisamment émerveillés par ce triomphe à la Pyrrhus. Ils se précipitèrent à la résidence du Président réélu, pour le féliciter de sa brillante réélection à la tête de l'État. Mais le triomphateur d'Alassane Ouattara, n'avait ni la tête, ni l'enthousiasme d'un homme, qui venait d'être brillamment réélu à la tête de son pays, d'où la tiédeur de son sourire, et la timidité de ses embrassades.

C'était plutôt le tour de Simone de rayonner, de pétiller d'extase, et d'inviter les courtisans, qui avaient la mine de la défaite, en ce termes :*"Soyez en joie. Cette victoire, c'est le Seigneur qui nous l'a donnée. Soyez en joie, car Dieu est au contrôle !"*. Et d'étaler ses dents blanches, dont Tiburce Koffi a déjà si bien commenté la blancheur.

Du coup d'État militaire, qui porta Laurent Gbagbo au pouvoir, en octobre 2000, au coup d'État constitutionnel, qui l'y maintint en décembre 2010, il n'y a que les moyens qui aient changé : les chars de la gendarmerie d'Agban ont été remplacés par la plume du pistolero du droit, Yao N'dré. Mais, nonobstant le changement des moyens, Gbagbo obtient le même résultat : conquérir ou se maintenir au pouvoir par coup d'État ! Ce changement de moyens s'explique par ceci : en 2000, il n'avait pas les hommes de loi dans sa poche. Il n'y avait que les armes, qui pouvaient le mener au palais. Ayant lui-même essuyé plusieurs tentatives de coups d'État, pendant ses dix ans de règne chaotique, et les ayant toujours pourfendues, en clamant sa préférence pour la prise du pouvoir par les urnes, il n'avait plus besoin de confisquer le pouvoir par les armes, d'autant plus qu'il était déjà au palais. Cependant, il prit soin de convoquer tous les généraux étoilés – Mangou Philippe et ses quatre étoiles ; Tiapé Kassaraté et ses quatre étoiles ; Guiaï Bi Poin et ses trois étoiles, Brindou Mbia et ses deux étoiles, Dogbo Blé et ses deux étoiles, etc. – en sa résidence officielle, pour qu'ils lui fissent allégeance, avant toute chose.

Certes, le pseudo démocrate n'en était point ! Ayant perdu les élections dans les urnes, on aurait pensé qu'il se plierait au verdict implacable du peuple souverain, qui lui avait retiré sa confiance. Mais que nenni ! Il actionna simplement son Conseil Constitutionnel, pour lui octroyer, dans un bureau obscur, ce que le peuple souverain lui avait refusé de façon diurne, le dimanche 28 novembre 2010.

Blanche Neige à la noce le 4 décembre 2010

Et rebelote ! On remet le couvert et on reprend tout. Gbagbo et Simone se retrouvent à nouveau, au palais présidentiel, le 4 décembre 2010, pour exécuter le rite initiatique de la prestation de serment. Et Simone, telle Blanche Neige, toute de blanc vêtue, les dents toujours aussi blanches, et le teint toujours aussi noir – contraste saisissant, n'est-ce pas ? -, est à la noce. Elle rabroue presque son époux si présidentiel, qui ne voulait pas l'embrasser à pleine bouche, devant tout ce parterre de dignitaires et de courtisans, et surtout pour que Nady Bamba, assise quelque part devant son poste téléviseur, puisse encaisser le coup. Bigre ! Et Laurent, qui l'embrasse avec ses dents refaites au Maroc, dont la blancheur est plus que douteuse. Qu'importe ! Simone est aux anges, quand elle se tient devant son Laurent, en costume bleu marine, bariolé d'une énorme écharpe rouge, et portant le grand collier, qui en fait notre Grand-Croix pour les cinq prochaines années, si ce n'est plutôt en mois, qu'il faut compter la survie de son règne.

Simone n'aime cependant que l'homme de pouvoir, Laurent Gbagbo, la figure présidentielle. Elle se délecte de son rôle de Première Dame, au point d'en faire une institution de l'État, avec ses bureaux, ses conseillers, son aide de camp, et tout le reste, payés par le contribuable ivoirien. Qu'importe donc si Laurent, qui aime si bien la gent féminine, de son propre aveu, s'amourache de la belle et plutôt claire, Nady Bamba, la Grande Dame, au point de l'épouser coutumièrement, en 2001. Simone avalera ses couleuvres, boira son calice jusqu'à la lie, elle, la chrétienne évangélique, accepter de vivre dans un foyer polygame, et cohabiter avec une rivale musulmane et nordiste, âgée alors seulement de 26 ans. Elle ne demandera toutefois jamais le divorce, tant que Laurent sera au palais, et qu'on l'appellera officiellement la Première Dame, même si, au jeu des initiales, comme au concours de miss, la G.D. l'emporterait sans doute sur la P.D. Oup ! Quelqu'un écrivait dans Jeune Afrique, récemment, qu'elle était l'homme fort du régime Gbagbo ! Oui, le pouvoir a un goût d'aphrodisiaque, chez certaines dames. Et la parenthèse de sang est toujours ouverte.

Dr Famahan SAMAKE (PhD)
Royaume-Uni
8 février 2011

DES PRÉTENDUES RICHESSES DE LA CÔTE D'IVOIRE

Rendons à César, ce qui est à César : les refondateurs ont le sacré talent de déplacer les problèmes, et de susciter ainsi de faux débats, qui nous font perdre de vue, l'essentiel. À titre d'exemple, ils prétendent maintenant que la Côte d'Ivoire est si riche, que la France veut faire main-basse sur ses richesses immenses, par le truchement de son cheval de Troie, le président Alassane Ouattara. Et ce discours fallacieux a le mérite de séduire certains ignares et autres nostalgiques des batailles de libération. Je vais donc m'octroyer la tâche fatidique et ennuyeuse, de faire parler les chiffres, pour mettre les choses à leur place, sans passion, ni exaltation.

Les richesses de la Côte d'Ivoire – ou PIB – se chiffrent à 23,4 milliards de dollars US, soit un revenu annuel moyen de 1100 dollars par tête d'habitant. Notre pays se classe à la 188ème place, dans ce domaine, sur un total de moins de 210 pays au monde. Le taux de chômage est de 45%, officiellement, dans notre pays. Bien entendu, on n'a pas pris en compte les gérants de cabines téléphoniques, ni les domestiques, qui perçoivent entre 5.000 et 20.000 f CFA par mois, parce que ceux-là sont considérés comme des travailleurs ! De même, on a considéré que les vendeuses de sachets d'eau glacée, ou de cacahuètes sont aussi des travailleuses ! Enfin, sur ce chapitre, disons que la dette publique ivoirienne représente

75,20% du PIB, et que cette dette est chiffrée à 13,79 milliards de dollars, contre les 23 milliards du PIB. Nous sommes véritablement un pays pauvre très endetté – PPTE.

Au titre du commerce extérieur, nous nous gargarisons de ce que le port d'Abidjan est le deuxième port le plus actif d'Afrique, derrière celui de Durban, mais la réalité est que nous importons pour 6,3 milliards de dollars américains, tandis que nous exportons pour 10 milliards de dollars. Nos principaux clients sont l'Allemagne – 9,6% -, le Nigeria – 9,1%, les Pays-Bas – 8,3% et la France - 7,2%. Nous leur fournissons essentiellement des produits agricoles périssables. Au demeurant, nos fournisseurs principaux sont le Nigeria – 29,5% -, la France – 16,8% -, la Chine – 6,8% - et la Belgique – 3,5%. Ces derniers nous fournissent des combustibles et des produits finis, essentiellement non périssables. Déjà, on voit bien que la France n'est pas notre premier partenaire commercial, mais le Nigeria, et de loin ! C'est donc une hérésie que d'affirmer que sans la Côte d'Ivoire, la France ne saurait boucler son budget !

La France est trois fois plus peuplée que la Côte d'Ivoire, mais elle est 116 fois plus riche que notre pays : son PIB est de 2.675 milliards de dollars, pour un revenu par tête d'habitant, de 35.000 dollars l'an. Le Français moyen est donc 34 fois plus nanti que l'Ivoirien moyen. Le taux de chômage en France est de 9,5% contre nos 45% très officiels. La France est presqu'au même niveau que le Royaume Uni, qui est un peu moins peuplé qu'elle, et qui a un PIB de 2.200 milliards de dollars, pour un revenu annuel de 36.000

dollars, par tête d'habitant. Même le minuscule Danemark, qui est aussi grand que notre District d'Abidjan, avec ses 43.000 km2, et qui est aussi peuplé qu'Abidjan, avec ses 5.5 millions d'habitants, est 9 fois plus riche que la Côte d'Ivoire. Il a un PIB de 200 milliards de dollars, pour un revenu annuel par tête d'habitant, de 36.330 dollars.

Les refondateurs *gnarus,* qui sont censés savoir tout cela – ils ont presque tous fait des études en France, ou y ont séjourné à tout le moins -, continuent de berner les refondateurs ignares, en les gavant de mensonges. À les entendre, depuis 2004, la France est tellement dans la gêne, qu'elle attend les bénéfices réalisés par Bouygues, sur l'eau et l'électricité en Côte d'Ivoire, et aussi ceux réalisés par Bolloré, au port d'Abidjan, avant de boucler son budget annuel. Et cette grossièreté passe comme lettre à la poste, dans les agoras et parlements !

Je prendrai l'exemple de deux grosses entreprises britanniques, BP et HSBC, la plus grande banque de ce pays, pour battre en brèche l'argument selon lequel un PPTE, comme notre pays, peut sauver une puissance économique. Pour l'exercice 2006-2007, BP a réalisé un bénéfice net d'un milliard de f CFA par heure ! Multipliez cela par 24 heures, pour savoir combien d'argent elle a gagné par jour ; ensuite multipliez cela par 365 jours, pour savoir combien d'argent elle a gagné pendant l'année. Et ce n'est qu'une seule entreprise sur des milliers ! HSBC a, au cours du même exercice, réalisé 2 millions de f CFA de bénéfice net, par seconde ! Multipliez cela par 3600, pour savoir combien elle a gagné par heure, puis multipliez cela par 24 heures, pour savoir combien elle a gagné par jour, puis multipliez cela aussi par 365, pour avoir une idée exacte de son bénéfice annuel. Je pourrais tout aussi bien donner des exemples pareils applicables à la France.

Dire donc que notre pays est si riche, que la France veut s'accaparer ses richesses, par le truchement d'Alassane Ouattara, est plus qu'un mensonge ; c'est un leurre, une lubie, que seuls les ignares, qui n'ont jamais voyagé hors d'Afrique, peuvent gober sans réfléchir. D'ailleurs, si les refondateurs disent que nous sommes si riches, on peut leur demander pourquoi 75% d'entre nous, sont si pauvres, si misérables ? Houphouët-Boigny, qu'ils accusent d'avoir vendu la Côte d'Ivoire à la France, a néanmoins développé ce pays un tant soit peu. Mais eux, qui nous ont affranchis, ont tant détruit ce que Boigny a construit, et nous ont rendus si pauvres, qu'on ne peut même plus manger à notre faim et nous soigner. Nous mourons tous d'insuffisance rénale, de fièvre typhoïde, et de choléra, car tout riches que nous sommes, ils n'ont pas été capables de ramasser nos ordures ménagères ! Eux, qui savent protéger nos immenses richesses, devraient commencer à les partager équitablement, et ne pas les garder toutes pour eux seuls, et pour leurs maîtresses, qui roulent toutes en Rav4 !

Dr Famahan SAMAKÉ
Royaume-Uni
17 mars 2011

DU JOURNALISME PESTILENTIEL DE LMPTV

LMPTV, qu'est devenue la RTI d'hier, est le summum même du journalisme pestilentiel de la pire espèce. Que Tiburce Koffi me permette ici d'emprunter ses interrogations judicieuses, dans Le Nouveau Réveil du 3 décembre 2010 : *"Que signifie ce journalisme partisan, malsain, inféodé, suiviste, robotisé ? Allons, messieurs de la Rti, à quelle école de presse avez-vous été formés ? Où avez-vous appris le métier ? Le métier, Brou Amessan ! Le métier, Amessan-la-honte-du-journalisme ivoirien !!!"*.

FORMATION

Pour ce qui est de la formation qu'ont reçue les Israël Brou Amessan, Mambo Abé, Noël Gnagno, Lanciné Fofana, Habiba Dembélé Sahouet et Awa Ehoura, pardon, Awa Thabitha Danon, de nos jours -, que ceux que je n'ai pas cités ici m'en excusent -, je suis certain que leurs anciens professeurs à l'école de journalisme, s'arrachent les cheveux depuis des lustres. Comment ont-ils pu former de si piètres ''journaleux'' ? Comment ont-ils pu passer les épreuves d'examen final ? Pour ma part, je sais que j'aurais honte, si un jour, ils étaient passés dans un amphithéâtre, ou une salle de TD, pour assister à mes cours. Car, leurs comptes-rendus ne sont pas que mensongers, figurez-vous, mais surtout mal rédigés, mal agencés, truffés de lapalissades et d'interrogations rhétoriques, auxquelles ils s'empressent de répondre cependant. Ce ne sont pas des reporters, mais des analystes politiques partisans, des propagandistes, et non des journalistes. Chez les premiers, point besoin de déontologie ; il suffit de choquer, pour obtenir les réactions que l'on veut susciter. Chez les seconds, il doit exister une déontologie. Comme ils sont mal formés, et qu'ils ne comprennent pas français, je veux dire à ces messieurs et dames, que ce vocable provient du grec *deontos,* qui signifie ce qu'il faut faire, et de *logos,* qui signifie discours. En tout, *"la déontologie, c'est l'ensemble des règles et des devoirs, qui régissent une profession, la conduite de ceux qui l'exercent, les rapports entre ceux-ci et leurs clients, ou le public''*.

Supposons que leurs clients, ou leur public, c'est le peuple ivoirien, qui paie la redevance télé directement, sur les factures d'électricité. Ce public est-il satisfait de leur travail ? Ou le public a-t-il le sentiment que sa télé respecte les règles, qui régissent le métier d'informateur public, et non celui de désinformateur national ? En tout cas, Tiburce Koffi a le sens de la formule : *"Ivoiriennes, Ivoiriens, ne croyez rien de tout ce que vous propose la Rti de Gbagbo. C'est la télé du pouvoir ; c'est la télé du mauvais journalisme, dont aucun public sérieux ne voudrait''*. Mais je ne me contenterais pas de faire des citations ici, je vais plutôt illustrer ces propos d'un exemple unique. Nous avons tous vu le massacre des femmes à Abobo, le 3 mars 2011, par l'armée ivoirienne, ou plutôt ce qu'il en reste. La vidéo originale, non éditée, est encore disponible sur divers sites web ; elle a été montrée sur des chaînes mondiales crédibles : CNN, CBS, Al-Jazeera, France 24, et bien d'autres encore.

DÉSINFORMATION

Les propagandistes de LMPTV, par Noël Gnagno, en ont fait l'usage suivant : utiliser le conditionnel pour qualifier le massacre, éditer honteusement la vidéo, pour faire croire que personne n'a perdu la vie en cet endroit, que ce n'était qu'un montage grossier, car la jeune fille, en tricot jaune, était juste une comédienne, qui est ''ressuscitée'', après quelques secondes. On a montré au ralenti, l'instant où, suivant le réflexe de l'instinct de survie, elle tente de se relever, tandis que l'on lui conseille de rester couchée, puisque les secours n'étaient pas encore arrivés. Une personne accidentée reçoit le même conseil : rester couché en attendant les pompiers, les ambulanciers, ou le constat de la police. Mais Gnagno occulte les dames étêtées – elles prouveraient la barbarie de Gbagbo -, et montre une seule blessée sur 110, et, puisqu'elle tente de se relever, avant de se recoucher, il conclut qu'elle se porte comme un charme ! Que faisant semblant d'être morte, elle est ''ressuscitée'' un instant après, donc elle a fait mieux que le Christ, qui a pris trois jours entiers pour ressusciter ! Et on montre, pour illustrer cette hérésie, cinq fois de suite, et au ralenti, cet instant où elle tente de se relever et se recouche. Je laisse les lecteurs juger de ce journalisme de type LMPTV. Toutefois, si on a le droit démocratique d'être un ''journaleux'' incompétent et désinformateur, on devrait avoir, au moins, un cœur ! Hélas, ces journaleux ont *un mépris inhumain pour la vie humaine, et pour l'État de droit,* comme disent les Américains. Gbagbo a-t-il réussi l'exploit de remplacer votre cervelle par du plomb ? Rien n'est impossible à Zeus, mais tout de même !

Sauf que je conviens avec Tiburce Koffi, qui écrivait que, au sujet des médias d'État, *"à la tête desquels ont été placés des militants peu talentueux dans le métier, mais excellents dans la propagande. Alors, on désinforme tous azimuts, dans une opération intolérable de matraquage des esprits comme le Fpi et les régimes populistes savent si bien le faire"*. Un peu plus loin, il lançait surtout ce cri d'alarme : *"Ivoiriennes et Ivoiriens, chers compatriotes, ce régime (que je connais pour l'avoir pratiqué) ment. Il a souvent menti. Il a même toujours menti. Aujourd'hui, comme hier, il ment. Sans scrupules"*. Alors question, y a-t-il encore des téléspectateurs, en Côte d'Ivoire, qui ne partagent pas cet avis ?

Parlant de propagande, j'ai suivi, il y a deux jours, le journal de 20 h présenté par Awa Thabitha Danon. Pendant 1 h 12 minutes – journal fleuve, j'en conviens -, pas une minute d'information internationale, pas une minute d'information sur le reste de la Côte d'Ivoire, mais 72 longues minutes à parler de Gbagbo : soutien à Gbagbo, gouvernement de Gbagbo, la lutte de Gbagbo, le complot contre Gbagbo, encore et toujours Gbagbo. C'est plus écœurant que de regarder la télé de Pyongyang. As-tu de l'honneur, Awa Ehoura ? Toi, qui as réussi, au détour d'une interview mal orientée, à effacer le peu de crédit, qui restait encore au cardinal Bernard Agré ? Toi, qui sautilles, lorsque Blé Goudé fait irruption sur le plateau, pour rehausser de sa présence généralissime, ton journal télévisé de 20 h ?

LA MACHINE À TUER DE LAURENT GBAGBO

Mais toutes leurs manœuvres ont pour but, de mettre de la poudre aux yeux du public, leur public, pour voiler la machine à tuer de Laurent Gbagbo : *''Ivoiriennes, Ivoiriens, je vous le redis : la machine à tuer de Gbagbo est en place''*, écrivait Tiburce Koffi encore. J'ai cru avoir déjà vu cela ailleurs, dans le documentaire de Benoît Scheuer, **Côte d'Ivoire : Poudrière Identitaire.** Je me souviens aussi que LMPTV, à cette époque, en 2001-2002, avait organisé un débat sur ce documentaire, pour le vilipender, et vouer aux gémonies, son auteur. Les journaleux et les ''experts'', qui se sont rendus coupables de cette désinformation et de cette manipulation, en sont pour leurs frais : la guerre a éclaté le 19 septembre 2002, et la machine à tuer de Gbagbo est vraiment en place, et elle est bien rodée de nos jours. Elle tourne à plein régime désormais. Alors que le Belge tirait simplement sur la sonnette d'alarme, afin qu'on exorcisât le mal, et qu'on prévînt le pire. Mais nos journaleux sont incapables de faire preuve d'esprit critique. C'est pourquoi, je leur demande de retourner à l'école de journalisme, et d'insister cette fois pour qu'on leur enseigne la déontologie et l'esprit critique.

Cette machine à tuer est huilée et opérée par les sinistres individus qui suivent, et elle est composée *''d'engins blindés du type BTR 80 (char à 8 roues), de*

VAB, de RG 12, surmontés de mitrailleuses 7,62 mm ; 12,7mm ou 14,5 mm, [...] détenus respectivement par le Général DOGBO Blé à la Garde Républicaine et le Colonel TOHOURI Dadi Rigobert au Bataillon Blindé, le Chef d'Escadron ABEHI Jean-Noël du Groupe d'Escadron Blindé d'Agban et le Commissaire Principal LOBA, de la Brigade Anti-émeute, eux-mêmes accompagnés dans ce triste rôle de tueurs, par le chef d'Escadron KOUKOUGNON Louis Ossou, le Commandant d'Escadron de Yopougon ; le Capitaine LOBOGNON, le Commandant d'Escadron de Koumassi ; le Commissaire YORO Claude, le Commandant des Unités d'Interventions de la Police ; le Commissaire première classe DJEDJE Gbagro, Commandant la CRS 1 ; le Commissaire première classe TOURE Marius de la CRS 2 ; le Major OURAGA de la Garde Républicaine, qui a la mission macabre d'incendier les résidences déjà pillées et saccagées''. Pour avoir servi l'État à Gagnoa, cinq ans durant, je sais que tous ces noms sont curieusement, et presqu'exclusivement, bétés, excepté Touré Marius, Abéhi Jean-Noël et Loba. D'où leur acharnement impitoyable à protéger le fauteuil du frère du clan, coûte que coûte, même au prix surréaliste d'une guerre civile. C'est le capitaine Léon Allah Kouadio, que je reprends plus haut, et ce sachant est sans doute mieux placé que quiconque, pour mettre un visage et un nom, sur tous ces tueurs dans l'ombre. On sait désormais qui tue le peuple, et, le jour de la rétribution - qui ne saurait tarder -, on saura où les trouver, et ce qu'il faudra en faire.

Dr Famahan SAMAKÉ (PhD)
Royaume-Uni
6 mars 2011

LA FAILLITE DE LAURENT GBAGBO

Assurément, Laurent Gbagbo a failli, et tous ceux qui disposent d'une once de jugeote, le savent bien. Seulement, la tragédie, dans cette histoire, est loin de se trouver dans la perte d'un homme, mais plutôt dans la faillite de toute la nation, que ses concitoyens ont bien voulu lui confier.

Laurent Gbagbo et la constitution

Pour emprunter le mot du professeur Francis Wodié, la constitution, pour Laurent Gbagbo, est un essuie-glace : ça penche tantôt d'un côté, tantôt de l'autre, en fonction de ses intérêts personnels. Le 25 octobre 2000, Guéï lui a légué 322.462 km2 de territoire national, et, conformément à la constitution ivoirienne, il devait préserver, coûte que coûte, l'intégrité dudit territoire. Hélas, moins de 2 ans plus tard, l'histoire montrerait que les Ivoiriens avaient été bien mal inspirés, de confier la défense de leur patrie, la protection de leurs biens et de leur vie, bref, toute leur destinée, aux mains inexpertes et malhabiles de Koudou Laurent Gbagbo. Quand la rébellion éclata, il fut incapable de l'écraser, ce qui ne l'empêcha pas de collecter plusieurs centaines de milliards de francs, dans son opération *"effort de guerre"*. Pendant que les Ivoiriens, généreux et solidaires dans cette tragédie, s'attendaient à la réunification de leur territoire, Gbagbo et ses ministres étaient plutôt préoccupés à se battre autour des commissions et pots de vin liés à l'achat d'armes de guerre. Le résultat en fut éloquent : il céda à la rébellion, quelque 60% du territoire national, à gérer pendant plus de huit ans.

Quand vint à échéance son mandat présidentiel quinquennal, il refusa de se soumettre au suffrage universel, spoliant ainsi le peuple de Côte d'Ivoire, de sa souveraineté. Au mépris de la constitution, il usa de subterfuges, pour se maintenir au pouvoir, au biais de reports successifs, de la date des élections. Il s'adjugea ainsi cinq bonnes années de rallonge, soit un nouveau mandat anticonstitutionnel. Ce faisant, il a fait mieux que Mamadou Tandja au Niger, qui sollicitait seulement une rallonge de trois petites années !

Lorsque la constitution ne l'arrange pas donc, Laurent Gbagbo l'ignore royalement, et passe outre pour conserver et proroger indéfiniment son pouvoir. Il ne s'y accroche que lorsque la tempête brouille son pare-brise : alors, il actionne cet essuie-glace, pour déblayer le terrain, et augmenter sa visibilité. Il se mue en défenseur de notre auguste constitution ; il la fétichise et la *"totémise"* - si l'on peut me pardonner ce néologisme - pour nous mettre de la poudre aux yeux !

Laurent Gbagbo et la politique du néant

Mais tout cela n'obéit qu'à une seule logique : piller les ressources nationales – et toutes les ressources, s'entend – sans travailler le moins du monde, pour ses concitoyens. Il les nargue ensuite, si on lui demande pourquoi il n'a point construit la moindre université, en dix ans d'exercice du pouvoir d'État. Il répond : *''C'est la guerre, qui m'en a empêché''*. Quand on se hasarde à lui demander pourquoi il n'a point construit d'hôpital, ni même un dispensaire, ou un lycée, il répond invariablement : *''C'est la guerre, qui m'en a empêché''*. Idem pour ceux qui veulent savoir pourquoi il n'a jamais réussi à débarrasser Abidjan des ordures ménagères, ni réussi à entretenir au moins les infrastructures héritées du pouvoir PDCI : *''C'est la guerre, qui m'en a empêché''*. Si on lui demande pourquoi avoir importé les déchets toxiques, pour tuer les Ivoiriens, et s'en mettre plein les poches ? Il répond tout aussi invariablement : *''C'est la guerre, qui nous y a autorisés''*. Dans cet argument bateau, les Ivoiriens ont vite fait de remarquer la richesse insolente et fulgurante de M. Gbagbo et des barons de son régime, fortune de César, qui contraste violemment avec la paupérisation extrême de leur vie quotidienne. Le terme refondateur rime aujourd'hui avec richesse, si bien que nos artisans de la refondation, ont convolé en justes noces avec les Misses Côte d'Ivoire de ces dernières années. Certes, il faut convenir de ce que la guerre ne peut empêcher la jouissance, surtout lorsqu'on a garanti et sécurisé Miss Côte d'Ivoire, dans son lit !

Il est courant de voir que ces nouveaux riches, oubliant si vite leur misère récente, croient que tout le monde est subitement devenu riche, en même temps qu'eux. À défaut, ils méprisent tous ceux qui ne sont pas parvenus à s'affranchir de leur misère.

C'est en cela qu'il faut comprendre le geste de Philippe Mangou, qui a fait ouvrir le feu sur les femmes du RHDP, qui ont osé crier leur misère, en février 2010, en manifestant contre la cherté de la vie. Aujourd'hui encore, au moment où toutes les banques sérieuses ferment, ou presque, les refondateurs ne cessent de rassurer les Ivoiriens. Tandis que les hôtels ferment, que les entreprises ferment, ou dégraissent leurs personnels, ils rassurent les Ivoiriens, en ne proposant rien de concret, pour garantir leurs emplois. À les entendre, tout irait bien dans le meilleur des mondes possibles. Si on s'évertue à leur demander pourquoi le *fatum* s'abat autant sur ce pays, ils répondent : ''*C'est à cause de Sarkozy, d'Obama, de Ban Ki-Moon, de Choï, d'Alassane Ouattara, de l'UEMOA, de la BCEAO, de l'UA, de l'UE, de l'OIF, de l'ONU*''. Bref, c'est la faute au monde entier ! Sacrés refondateurs, si innocents et si veinards ! De vrais chérubins, à qui l'on offrirait volontiers, le bon Dieu, si on en croit leurs déclarations sur LMPTV. Pourtant, aucune profession de foi, ni aucune injure outrancière, ne peut cacher leur bilan désastreux à la tête du pays. Ils ont mené la politique du néant : ne rien construire, surtout ne rien entretenir, et surtout aussi détruire tout ce qui existait, et ne rien laisser dans les caisses, pour qui va leur succéder. Détruire, tel fut leur *credo*. Il est temps de détruire ce régime et son système, si la Côte d'Ivoire tient à son salut. Sinon la faillite de Laurent Gbagbo sera la faillite de toute la Côte d'Ivoire.

Dr Famahan SAMAKÉ
PhD
Royaume Uni
18 février 2011

LA FAILLITE MORALE DE LAURENT GBAGBO

Dans un article en date du 18 février 2011, intitulé LA FAILLITE DE LAURENT GBAGBO, j'écrivais que Laurent Gbagbo était en faillite totale, et pas seulement sur le plan financier, mais surtout sur les plans de la morale et de la bonne gouvernance. Je suis heureux que, depuis hier, 3 mars 2011, par la bouche de Philip Crawley, les États-Unis partagent mon appréciation. Ce haut cadre du Département d'État vient de dénoncer effectivement la *"moral bankruptcy"* de Laurent Gbagbo, c'est-à-dire, sa banqueroute morale, suite au meurtre insensé et inhumain, de pas moins de sept mères de famille, qui marchaient pacifiquement, contre son usurpation du pouvoir, à Abobo. Sa soldatesque commence à connaître la honte, puisqu'elle s'est précipitée à la télé aujourd'hui, pour nier avoir tiré sur ces femmes martyres. Cette honte est sans doute salvatrice.

On se souvient que lorsque son homologue dictateur du Mali, le général Moussa Traoré, avait fait tirer sur les femmes en 1991, il s'est trouvé, dans son armée, des hommes intègres et dignes, comme le lieutenant-colonel Amadou Toumani Touré, pour le déposer le lendemain. Mais personne ne pense que les femmelettes de Mangou Philippe, Guiaï Bi Poin, Vagba Faussignaux, Dogbo Blé Bruno et Kassaraté Tiapé Édouard, tous bariolés d'étoiles de généraux d'opérette, aient le courage, ni l'honneur, d'en faire autant en Côte d'Ivoire. Ceux-ci ont trop de biens mobiliers, immobiliers et financiers, pour risquer de tout perdre, au nom de la démocratie !

Pour en revenir au dictateur Gbagbo, sa faillite morale n'a cependant pas commencé le 3 mars 2011. Cette date n'est que la goutte d'eau qui a fait déborder le vase, car sa faillite morale a commencé avec le charnier de Yopougon, le 25 octobre 2000. Elle a culminé avec la répression sauvage des 24, 25 et 26 mars 2004, où il a exécuté entre 120 et 500 de ses concitoyens, qui voulaient la paix. Elle s'est accrue lorsqu'il a importé les déchets toxiques de Trafigura, pour faire de la Côte d'Ivoire, la poubelle du monde, en 2006, contre la bagatelle de 100 milliards de francs CFA, qu'il a empochés, en gardant 50 milliards pour lui, en cédant 25 milliards à Amondji Pierre et à ses amis du District d'Abidjan, ne concédant que quelque 25 milliards de francs CFA seulement aux vraies victimes de la catastrophe. Mais le monde a été coupable du silence qu'il a observé pendant tout ce temps, ce qui a encouragé le dictateur à perdurer dans sa faillite morale, jusqu'à hier, où il a osé tuer des femmes protestataires aux mains nues.

Mais déjà, Gbagbo a planté le décor de sa défense, par Fraternité Matin interposé : c'est un complot contre la Côte d'Ivoire ! Ce ne sont plus les FDS, favorables à Gbagbo, qui ont tué lâchement ces femmes ; ce sont les rebelles qui l'ont fait, pour en faire porter le chapeau au gouvernement Gbagbo, pour nuire à la Côte d'Ivoire ! Ces écrivaillons de Frat-Mat sont-ils en Côte d'Ivoire ? Le monde appréciera, ou plutôt a déjà apprécié : Laurent Gbagbo est en faillite morale. Quand un pouvoir dictatorial en arrive à de telles extrémités, il est déjà fini. Il suffit de le secouer, pour qu'il tombe comme un fruit mûr.

C'est pourquoi, je ne comprends plus l'inertie du président Alassane Ouattara, à qui le peuple a confié le mandat nécessaire pour conduire sa destinée, pour le protéger contre ses ennemis intérieurs et extérieurs. Que n'utilise-t-il pas l'armée des FAFN et les soldats FDS, qui ont accepté de se placer sous son autorité, pour dégager Gbagbo du palais ? Il s'en trouvera même des milliers de volontaires, qui les renforceront, pour mener à bien cette opération de salubrité publique, en nettoyant le palais de la République du dieu de la mort, Hadès, qui y trône en ce moment.

On sait que Gbagbo pousse à un suicide collectif l'ensemble du peuple ivoirien, qui lui a fait l'affront de ne pas voter pour lui. Ce suicide collectif prendra les formes suivantes : soit tout le monde meurt du fait de l'absence totale de médicaments en Côte d'Ivoire, dans un mois environ, soit tout le monde meurt de faim, faute d'argent, pour se nourrir ou pour se soigner, soit tout le monde est tué à la mitrailleuse, à la kalachnikov, à la roquette, ou par salves de chars, ou même par immolation des mains des jeunes patriotes désœuvrés. Gbagbo n'offre plus que le choix entre la mort brutale et rapide, et la mort à petit feu. À vous de choisir ! Ceux qui veulent se suicider pour sa cause, les miliciens et les jeunes patriotes, en ont le droit : nulle part, le suicide ne constitue un crime puni par la loi. Mais ils n'ont pas le droit de contraindre le reste du peuple, les 54,10% du peuple, au moins, qui ne veulent pas se suicider pour la cause perdue de Laurent Gbagbo.

Sa cause est d'autant plus perdue, qu'il ne peut continuer à diriger le pays, dans une telle violence insensée, pendant les cinq prochaines années, alors que les sanctions financières, économiques et diplomatiques en cours, ne seront jamais levées, tant qu'il s'accrochera au pouvoir, ainsi que Catherine Ashton l'a encore réaffirmé hier à Bruxelles. Qu'il demande donc à Mugabe, depuis combien de temps, il est sous sanctions. Saddam Hussein est resté sous sanctions de 1991 à sa chute, en 2003. L'Iran et la Corée du Nord sont sous sanctions depuis des décennies. C'est dire que ceux qui soutiennent Gbagbo, ne sont pas au bout de leurs peines – ainsi que ses adversaires, malheureusement –, et qu'ils doivent s'apprêter à vivre cette vie de disette, pendant au moins cinq ans encore, si Gbagbo ne tombe pas avant. Pour écourter les souffrances de ses militants, mais aussi de ces illuminés, aveuglés par la haine, dont ils ont été nourris par les refondateurs, le président Ouattara doit prendre ses responsabilités historiques. Il doit nous débarrasser de M. Gbagbo, qui espère encore rentrer dans l'Histoire. Mais qu'il sache que la bâtisse Histoire n'a point de portes assez larges, pour laisser passer son égo, aussi démesuré que celui de Zeus. Il n'y a que les enfers, qui soient assez ouverts, pour l'accommoder. Et sa place y est toute dressée, à la droite d'Adolf Hitler, et aux côtes de Slobodan Milosevic, Radovan Karadzic, Ratko

Mladic, Saddam Hussein et Idi Amin Dada. Et il est temps de le précipiter en si bonne compagnie !

Dr Famahan SAMAKÉ (PhD)
Royaume-Uni
4 mars 2011.

LE DR GERVAIS BOGA SAKO FACE À L'ÉQUATION DE L'HONNÊTETÉ INTELLECTUELLE

Il n'est guère aisé de faire preuve d'honnêteté intellectuelle, en tout lieu et en tout temps. Je constate que depuis quelques jours, la conscience du Dr Gervais Boga Sako est confrontée à cette équation difficile: comment reconnaître la victoire électorale du président Alassane Ouattara, après l'avoir tant pourfendu sur les antennes de la RTI, et défendu avec tant d'ardeur la cause perdue de l'homme Laurent Gbagbo ?

Dans un article en date du 5 avril 2011, je m'étonnais déjà de ne plus les entendre, les Dr Boga Sako, Affi N'guessan, Alcide Djédjé, et bien d'autres encore. Apparemment, tout ce beau monde attendait l'épilogue de la crise postélectorale, pour se prononcer, et pouvoir lâcher M. Gbagbo, à moindre frais. Pour sa part, le Dr Boga Sako est enfin sorti de sa torpeur ce 2 mai 2011, pour reconnaître sa part de responsabilité dans la crise politique. Il écrit dans un communiqué ce qui suit : *''S'il était prédit que la crise postélectorale déboucherait sur des violations graves et massives des Droits de l'Homme, telles que des massacres de plusieurs centaines de civils et de militaires, des enlèvements, des séquestrations et brimades, des destructions et pillages de biens publics et privés, etc., jamais le président de la FIDHOP ne se serait tant engagé à défendre les Institutions de la République ; car rien ne vaut une vie humaine, pas même la Présidence de la République !''*.

Je suis franchement abasourdi par cette confession du Dr Boga Sako, car j'aurais voulu qu'il fît usage de son esprit cartésien, au lieu de compter sur des prédictions, ou des prophéties ! En sa qualité de docteur, je pensais qu'il était capable de savoir que l'entêtement de M. Gbagbo à confisquer le pouvoir d'État, après sa cuisante défaite du 28 novembre 2010, ne pouvait conduire qu'à la catastrophe décrite plus haut, par lui-même. Nul ne devrait avoir besoin d'un charlatan, d'un prophète ou d'un devin, pour prédire l'épilogue de cette crise. Et ce serait intellectuellement malhonnête d'attendre une telle prédiction, pour adopter une conduite en conséquence. L'intellectuel doit, en effet, pouvoir dire la vérité cartésienne, en tout lieu et en toute circonstance. Le Dr Boga Sako a totalement failli à ce niveau. Tout le monde savait, en effet, que cette crise finirait dans un bain de sang, mais le docteur a préféré miser sur le cheval Gbagbo, tant que ce dernier semblait tenir le bon bout, mais uniquement parce que c'était le frère du clan.

Et parlant de défense des institutions de la République, je ne crois pas du tout qu'il les défendait. C'est plus l'homme Gbagbo, le frère du clan, qu'il défendait, et non la présidence de la République. Car cette institution avait un nouveau locataire, depuis le verdict de la CEI en date du 2 décembre 2010. S'il est vrai qu'il défendait l'institution républicaine en question, et non l'homme Gbagbo, il se serait désolidarisé de ce dernier, et aurait reconnu la victoire de son adversaire. Je rappelle que le 29 novembre 2010, sur les antennes de la RTI, le Dr Boga Sako affirmait, au nom de sa FIDHOP qui avait observé les élections, que tout s'était bien passé, et que la démocratie avait prévalu, malgré quelques ratés çà et là. Il concluait alors que de tels ratés n'étaient pas de nature à entacher la sincérité du scrutin présidentiel. Mais ça, c'était avant qu'Affi N'guessan ne fût commis à la tâche ingrate et malhonnête de saboter l'intégrité du scrutin du 28 novembre, sur les mêmes antennes, avec la complicité bruyante de pseudos observateurs africains, achetés à coups de millions.

Dès lors, le Dr Boga Sako a changé son fusil d'épaule, pour non seulement vilipender de façon outrancière l'élection du 28 novembre comme anti-démocratique, mais aussi pour tenter de démontrer la légalité de l'arrêt inique et insensé du Conseil Constitutionnel de Yao N'dré. Aujourd'hui que les tables ont été renversées, et que M. Gbagbo se trouve du mauvais côté de l'histoire, le savant qu'est le docteur Boga Sako, le lâche enfin et aurait voulu que l'on l'informât à l'avance, de l'issue de la crise ! De cette façon, nous promet-il, il ne se serait pas tant engagé à défendre M. Gbagbo, qu'il confond avec l'institution que ce dernier incarnait entre octobre 2000 et novembre 2010 ! Mais, mon cher Dr Boga, point n'est besoin de blâmer les devins – qui ne vous ont pas fait l'amitié de vous informer de l'avenir -, il vous suffisait d'user de votre intelligence, et de faire preuve d'honnêteté intellectuelle ! D'ailleurs, votre arrimage au wagon Gbagbo était motivé par les prédictions d'un grand devin, le prophète Koné Mamadou Malachie. Avec lui, vous avez cru, jusqu'au dernier moment, que M. Gbagbo triompherait du monde entier, grâce à la divine intervention de l'armée des anges. Laissez donc les devins tranquilles, et faites preuve d'honnêteté intellectuelle. Commencez, par exemple, par tenir une conférence de presse, pour reconnaître l'élection démocratique du président Alassane Ouattara, le 28 novembre 2010, et condamnez sans réserve la forfaiture du Pr. Yao N'dré, qui a plongé ce pays dans une guerre immonde, dont nous aurions pu faire l'économie. L'honnêteté intellectuelle est la solution, et un docteur, un vrai, ne devrait pas en manquer !

Dr Famahan SAMAKÉ (Ph.D.)
Royaume-Uni
03 mai 2011

DES AMBITIONS PRÉSIDENTIELLES DE BLÉ GOUDÉ POUR 2015

D'emblée, je voudrais rassurer les lecteurs : non, vous ne rêvez pas ! Blé Goudé a vraiment des ambitions présidentielles, dans un futur aussi proche qu'en 2015 ! J'ai été moi aussi interloqué, de lire une interview récente de cet énergumène, dans un journal panafricain respectable, où il déclarait à peu près ceci : *''Si je ne m'arrête qu'à un poste de Premier Ministre, c'est que j'aurai raté ma vie. ... Je donne rendez-vous à Soro Guillaume pour 2015 !''*.

Alors question : sur la base de quelles qualifications intrinsèques, Blé Goudé fonde-t-il son destin présidentiel ? Et par qualifications, je ne parle pas ici que de diplômes – car on n'a pas besoin d'être un universitaire chevronné pour devenir un bon président – mais de toute légitimité, de tout parcours initiatique, pouvant conférer au potentiel élu une onction populaire.

QUALIFICATIONS

Les qualifications les plus simples à vérifier sont les diplômes. Dans ce domaine, Blé Goudé n'a pas été brillant, et c'est un euphémisme. Muni d'une licence, dont il devrait en principe être déchu, l'homme se sera fait remarquer par sa longévité sur les bancs de l'université de Cocody. Douze ans pour obtenir une licence litigieuse – de 1989 à 2001 -, laquelle licence ne fut obtenue que lorsqu'on lui attribua 14/20 dans la dernière unité de valeur, quand bien même il n'avait pas pris la peine de se présenter dans la salle de composition, pour prendre part à la dernière épreuve !

Si l'enseignant Toto Séry, - son frère du clan, soupçonné de lui avoir fait cette largesse, a été suspendu de ses fonctions, puis radié de l'effectif des enseignants de l'université de Cocody -, Blé Goudé, lui, bénéficie toujours de sa licence suspecte. Ce passé sulfureux à lui seul devrait lui couper l'appétit présidentiel.

Sur les autres plans de la qualification, je ne vois franchement aucune légitimité, et absolument aucun parcours initiatique, qui puissent conférer à Blé-la-machette, la moindre justification de faire son rêve présidentiel. On me répondra sans doute, dans certains quartiers, qu'il a été secrétaire général de la FESCI, mais cette structure n'offre pas un blanc-seing à quiconque veut le pouvoir suprême en Côte d'Ivoire ! Car la FESCI est devenue plus que problématique : les Ivoiriens, dans leur plus large majorité, vous diront qu'elle est une milice au service du FPI de Laurent Gbagbo, et non un syndicat estudiantin. Seul un Dr Martial Ahipeaud, premier secrétaire général du mouvement, pourrait, sans doute, se targuer d'entretenir un rêve présidentiel, mais sûrement pas Blé-la-machette, ou Blé-la-licence-volée.

On me dira aussi qu'il a soulevé des foules, pour défendre Laurent Gbagbo, mais le bouffon du roi n'a point droit au chapitre ! La mobilisation populaire, avec les moyens de l'État – télévision nationale, bus de la Sotra, argent du contribuable – ne confère aucune légitimité à celui qui en donne le mot d'ordre. D'ailleurs, ses adversaires pourraient mobiliser plus de gens que lui, et sans les moyens de l'État, si la soldatesque de Gbagbo ne les tuait pas systématiquement, lors de chaque tentative de rassemblement ! Pour moi, Blé-la-machette est tout simplement disqualifié pour rêver de gouverner la Côte d'Ivoire.

DISQUALIFICATION

Blé Goudé s'est en effet tristement illustré par des appels à la violence contre tout citoyen de ce pays, qui ne partage pas les idéaux de Laurent Gbagbo. Sanctionné par l'ONU, pour incitation à la haine et à la violence, et pour avoir fait obstruction au processus de paix, il ne peut plus voyager hors de nos frontières. Le jour de la rétribution viendra et il devra rendre compte de ses actions.

Il ne se passe plus de jour à Yopougon, sans que des jeunes, pompeusement libellés patriotes, ne molestent et n'exécutent d'honnêtes étrangers et citoyens, autres que les suiveurs de M. Gbagbo. Ils mènent des inquisitions espagnoles, sanctionnées par des autodafés au sens littéral : des hommes sont bastonnés, ligotés, recouverts de force-pneus usés, auxquels on met le feu ! Et le tout flambe de façon si patriotique, façon Gbagbo ! Et ce brasier, qui rappelle tant les holocaustes des temps anciens, chez les grecs, où l'on rendait gloire à Zeus, à la différence près que les anciens immolaient des bovins, là où nos contemporains immolent des êtres humains, sans remords, car ce sont des ''*mercenaires*'', des ''*étrangers*'', donc tout sauf des hommes ! Dire que ce pays a aboli la peine de mort !

Et Blé Goudé, qui leur a distribué des AK47, continue de les encourager à faire des barrages intempestifs dans leurs quartiers, à fouiller d'honnêtes passants de façon tout à fait illégale, et de les traiter comme bon leur semble. Le jour de la rétribution viendra où il devra rendre compte à nos juridictions, qui ne seront plus contrôlées par Gbagbo, le Zeus d'aujourd'hui, qui, d'ailleurs, deviendra le Slobodan Milosevic de demain. Je ne sais pas si Blé-la-machette sera autorisé, en 2015, à faire acte de candidature à la présidence de la République, du fond de sa cellule à la MACA. Même si la loi le lui permettait, j'ai du mal à imaginer que les Ivoiriens soient suffisamment masochistes pour lui accorder leurs suffrages.

Dr Famahan SAMAKÉ
Ph.D.
Royaume-Uni
15 mars 2011

LA MÉMOIRE SÉLECTIVE DE KOUAMÉ ROSALIE, DITE <<ROSKA>>

Cette crise ivoirienne est intéressante à bien des égards : des individus, très peu formés intellectuellement, s'y invitent et jettent des pavés dans la mare, tandis que d'autres, censés être intellectuels, donnent le tournis à leurs lecteurs, avec leur raisonnement complètement de travers. Kouamé Rosalie est de la première catégorie, quand Tierno Monénembo et Calixte Beyala sont de la dernière. Je ne répondrai guère aux derniers, pour l'instant – Tiburce Koffi s'en est déjà chargé -, mais je me ferai fort de répondre à la première, dans un langage qui soit à sa portée.

Réflexions sur la forme

L'individu se présente volontiers comme étant Rosalie Kouamé <<Roska>>, ingénieure en management, présidente-fondatrice de la Fondation Roska. Ronflant, n'est-ce pas ? S'affubler de son propre surnom, chaque fois qu'on décline son identité, est un signe évident d'autosatisfaction, signe qu'on est imbu de soi-même. En plus, admirez la double casquette d'ingénieure et de présidente-fondatrice d'une organisation bidon ! Ces titres ronflants ne riment à rien, si on en juge par la vacuité de ses réflexions tordues et très fanatiques, complètement coupées de la réalité, et pleines de lapalissades et affirmations gratuites, et grotesques, dont seuls les refondateurs ont le secret. Ce qui montre que la sœur est imbue d'elle-même, c'est surtout sa propension à faire trôner sa photo en haut de chacune de ses contributions, histoire de faire du *"m'as-tu vue ?"*. À l'évidence, cette personne est en mal de publicité ; elle aspire à être reconnue – sans doute par les refondateurs décideurs, au moment de la curée post-crise.

Sur le plan purement stylistique, elle n'est pas apte ; elle n'a ni l'étoffe de la polémiste, ni celle de la journaliste, et encore moins celle de l'analyste. Elle n'est pas suffisamment outillée intellectuellement, pour écrire en direction d'une large audience. Les paragraphes sont décousus, les questions se suivent sans réponse, le raisonnement n'est pas dirigé par un fil conducteur. C'est un bric-à-brac d'idées hétéroclites, sans agencement. De plus, la ponctuation est totalement fausse : elle aligne les mots, sans marquer d'arrêt, de même qu'une personne en colère aime à porter plusieurs coups de suite. Au total, la syntaxe est du plus mauvais goût, à commencer par le titre.

La bassesse du raisonnement

Les faiblesses de forme sont cependant insignifiantes devant la niaiserie du fond. Dans sa dernière contribution, **Lettre Ouverte au sieur Louis Moreno-Ocampo, procureur de la Cour Pénale Internationale : Votre mise en garde du camp Gbagbo dans la guerre de Ouattara Dramane**, dans un pamphlet indigne d'un ingénieur, elle affirme, sans sourciller, qu'*"une rébellion armée a éclaté depuis le 19 Septembre 2002 et qui s'est développée dernièrement en une rébellion électorale grâce à votre agent Choi, et Sarkozy, tous deux grands stratèges guerriers en Côte d'Ivoire"*.

Quelle ignorance ! Depuis quand Choi, ou Sarkozy, sont-ils des ''agents'' de Luis Moreno-Ocampo ? Le représentant spécial du secrétaire général de l'ONU ne travaille pas pour la CPI, encore moins pour son procureur. Quant au président français, inutile de faire un commentaire à son sujet. De plus, qui de Gbagbo ou d'Alassane Dramane OUATTARA fait de la rébellion électorale ? Pour la gouverne de l'apprentie essayiste, je rappelle qu'Alassane Dramane OUATTARA a remporté l'élection présidentielle du 28 novembre avec 54,10% des suffrages exprimés, et que la crise actuelle n'est qu'une fabrication des laboratoires de LMP. Gbagbo s'est rebellé, a refusé de reconnaître le verdict des urnes, et s'est appuyé sur l'ami Pablo pour se faire proclamer élu. Sur la foi de cette forfaiture juridique, le camarade Laurent s'accroche désespérément au pouvoir, qu'il doit céder au vainqueur sorti des urnes. C'est tout.

Plus loin, Roska s'engouffre sans crainte dans le tunnel sombre des thèses xénophobes des jeunes patriotes : *''Que faites-vous donc des criminels auteurs de coup d'Etats, de rébellion et de guerre ? Vous les caressez parce que grâce à eux, vous parvenez à piller cette Afrique Riche que vous faites passer pour pauvre ?''* Je serais tenté, au risque de répéter ce que Tiburce Koffi répondait aux fameux intellectuels africains récemment, de demander à la sœur, s'il est vrai que l'Afrique est riche ? Surtout avec un grand R ? Est-elle riche au point d'être pillée par Luis Ocampo ? Qu'elle se renseigne donc. Jamais l'Argentin Ocampo n'a pillé l'Afrique, jamais son pays, l'Argentine, n'a pillé le riche continent noir. À moins que la Roska ne condamne l'homme de loi pour tous les crimes de la race blanche ! Il est *donc* coupable, comme l'agneau de la fable de La Fontaine ! Et la louve Roska peut donc le manger allègrement ! Dites-moi si ce n'est pas du racisme ! Mais, je ne réponds pas de sa grammaire.

Parlant de richesse, si tant est que l'Afrique est riche, pourquoi sommes-nous toujours à quémander un classement officiel parmi les PPTE ? Pourquoi Gbagbo ne partage-t-il donc pas la richesse immense du pays, avec tous les fils authentiques d'Éburnie ? Pourquoi ne construit-il rien, et n'entretient-il guère les seules infrastructures qu'Houphouët-Boigny nous a léguées ? Je ne sais pas si la Roska se rend aussi fréquemment en Côte d'Ivoire que moi, mais je suis toujours frappé par l'amplitude de la reculade de notre pays, sur l'échelle du développement, depuis que Koudou est au pouvoir : plus de bitume, les tours administratives en ruine, les écoles délabrées et sans équipements, pareil pour les centres hospitaliers, misère galopante, morts subites, espérance de vie tombée à 47 ans, pas un seul lycée neuf dans tout le pays depuis dix ans, pas d'université neuve, pas de CHU neuf, pas même une école primaire et/ou un dispensaire neufs, financés par l'État. Et dire qu'on est riche ! Ou alors Gbagbo et ses refondateurs se sont partagé nos richesses, toutes nos richesses, sans daigner au moins ramasser les ordures ménagères, qui nous exposent à la fièvre typhoïde. La banque mondiale nous a même fait don de 10 milliards de CFA, pour qu'on puisse nettoyer devant nos portes, vu qu'à Nangui Abrogoua, on brûlait les ordures tous les soirs à 18 h ! Et ces fameux déchets toxiques, qu'on a importés contre espèces sonnantes et trébuchantes ? Ces espèces qui sont allées aussi dans les poches de M. Gbagbo (50 milliards pour l'État) et de ses proches (25 milliards pour le district d'Abidjan d'Amondji Pierre et les mairies environnantes) ?

Pourtant madame plastronne au Danemark, ce minuscule pays scandinave, où il fait très froid. Pourquoi ne pas rentrer et s'établir en Côte d'Ivoire, dans cette démocratie achevée, dans ce beau pays tien, où il fait si bon vivre ? Pourquoi ne pas mettre ton <<*expertise*>> dans l'ingénierie et dans la création de fondations, pour développer ton pays ? Ce serait si facile pourtant : la Côte d'Ivoire est si *Riche* déjà que tes idées ne peuvent que permettre son décollage rapide. Ah, j'oubliais ! Le minuscule Danemark, grand comme le district d'Abidjan, avec ses 5,6 millions d'habitants, est plus riche que toute l'Afrique de l'Ouest, et plus développé que l'Afrique tout entière ! Son PIB est de 200 milliards de dollars, tandis que le revenu moyen par habitant est de 36.000 dollars l'an. Comparez cela avec les 24 milliards du PIB ivoirien, et le revenu moyen annuel de 1000 dollars par habitant. Et dire que nous sommes l'économie la plus avancée en Afrique de l'Ouest francophone ! Et la sœur raciste et xénophobe est fière d'y résider – alors qu'on n'a point besoin de ses <<*compétences*>> en ce pays – et de claironner, dans son article précédent, qu'elle en a acquis la nationalité. Si le ridicule tuait ! En fière patriote, elle aurait dû rentrer en Côte d'Ivoire, pour contribuer au développement de son pays, qui est tellement en retard sur l'échelle du développement. Qu'elle compare son pays d'origine à son pays d'accueil, et elle conviendra avec moi que c'est dans le premier qu'on doit se remettre au travail.

Toujours dans sa verve raciste, la Roska affirme : *''Grâce à vous* [Luis Moreno Ocampo] *et à votre comportement, je découvre maintenant que la sorcellerie est multidimensionnelle, se développe dans vos bureaux et châteaux luxueux financés par l`argent des ressources Africaines que vous avez pris goût à exploiter abusivement et de façon inhumaine dans le sang des Africains, siècle après siècle. Ceci est bel et bien de la sorcellerie politicienne, la sorcellerie internationale, la sorcellerie institutionnelle, la sorcellerie onusienne et la sorcellerie des Troupes privées et Clubs privés d`Injustice...''*. Pitié, que quelqu'un veuille bien m'expliquer ce charabia, en français facile, en phrases simples et structurées, car mon intelligence n'est pas à même de le déchiffrer.

Toutefois, le racisme, chez Roska, n'est guère latent ; il est à fleur de peau. Lisez vous-mêmes : <<*En revanche vous vivez dans le luxe grotesque avec l'argent de notre sang, le sang de nos ancêtres, le sang de nos parents, nos frères, nos sœurs et nos enfants... Pendant que vos enfants vont à l`école à des millions de dollars par an... les petits africains que vos guerres refusent d'emporter ne savent à quel* *saint se vouer>>*. Il me semble que La Fontaine a écrit **Le Loup et l'Agneau** pour Rosalie Kouamé dite <<Roska>> : <<*C'est donc un des tiens, Car je sais que vous, vos bergers et vos chiens, Ne m'épargnez guère. On me l'a dit, Il faut que je me venge*>>. Il y a ici une similitude flagrante entre les attitudes du loup et de la Roska, sauf que le grief du premier cité date seulement de <<*l'an passé*>>, là où la seconde est déchirée par la haine viscérale du Blanc, remontant à plusieurs siècles. Et les offenses qu'elle fait siennes, sont celles infligées à toute sa race tous ces siècles durant. Ah, la rancune tenace, quand tu nous tiens dans tes serres !

On est à se demander pourquoi, diantre, reste-t-elle en Scandinavie ? Si tu hais tant les Blancs, que fais-tu dans leur pays ? Pourquoi demander et acquérir leur nationalité ? Rentre donc en Éburnie, où tout le monde est noir, ou presque ! Ah, j'oubliais ! Ici, on peut créer des fondations-bidons, des associations caritatives fictives, et demander des allocations au contribuable, en vue de les financer, allocations qui transitent par nos poches et qui y restent ! Cependant, je parie que Blé Goudé a sûrement besoin de toi en Éburnie.

Autre morceau choisi : <<*Qui êtes-vous ? Les Maîtres de l'Injustice ? Les Maître de la corruption ? Les Maîtres de la mauvaise foi ? Les Maîtres de la foutaise éternelle ? Les Maîtres des ténèbres sur terre ?* >>. Cela se passe de commentaire, et je ne réponds toujours pas de la grammaire. Je veux simplement savoir quel jour, et par quel vol, la Roska rentrera définitivement dans son pays bien-aimé. Je sais qu'elle en sera plus que soulagée. Les Danois aussi.

Pour finir, elle nous réserve le plus beau : comme la femme fatale, Simone Gbagbo, elle s'envole jusque dans les sphères divines, moissonne Dieu, pour le ramener sur terre, aux fins de compter parmi les combattants du clan Gbagbo. <<*Que Dieu vous inspire afin de comprendre que la Côte d'Ivoire est le PORT part lequel l'Esclavage, la Colonisation, le Néocolonialisme, l'Impérialisme et l'Exploitation inhumaine de l'Afrique prendront définitivement fin, de gré ou grâce à la Force de Jéhovah. Et ce, malgré toutes vos menaces d'où qu'elles viennent... avec ou sans Blé Goudé*>>.

Comment la victoire finale peut-elle leur échapper dans ces conditions ? Qu'il est beau et magnifique, ce Dieu qui ne vit que pour M. Gbagbo et LMP ; ce Dieu, qui n'existe que pour les frontistes ; ce Dieu, dont la colère ne s'abattra que sur Alassane Dramane OUATTARA, et les militants et sympathisants de son parti ; ce Dieu, qui est le véritable chef d'État-major de l'armée de M. Gbagbo ; ce Dieu, qui ne se mobilise que pour les desiderata de M. Gbagbo et compagnie ! Mais enfin, je ne réponds toujours pas de la grammaire !

Dr Famahan SAMAKE (Ph.D.)
Royaume-Uni
Le 7 février 2011.

CRISE POSTÉLECTORALE EN CÔTE D'IVOIRE : LE HORS-SUJET DES ROMANCIERS AFRICAINS, CALIXTHE BEYALA ET TIERNO MONÉNEMBO

Les romanciers excellent généralement lorsqu'ils évoluent dans l'espace et le temps virtuels, lorsqu'ils génèrent des vivants sans entrailles, leur font subir toute sorte de péripéties, et leur réservent la destinée de leur choix. Cependant, lorsqu'ils font irruption dans le monde politique réel, tels des albatros, ces narrateurs, devenus à la fois hétérodiégétiques et extradiégétiques, ont des positions souvent en porte-à-faux total avec la réalité historique, et leurs opinions, tordues et/ou malhonnêtes, peuvent donner le tournis à leurs lecteurs. C'est dans ce cadre que j'ai lu les sorties de Tierno Monénembo - dans *Le Monde* du 6 janvier 2011 - et de Calixthe Beyala - dans *Jeune Afrique* du 4 janvier 2011.

Commençons par le moins hors-sujet de ces deux écrivains : Tierno Monénembo. Évoquant la crise postélectorale ivoirienne, ce brillant romancier estime, faussement, que *"l'ONU n'a pas à décider qui est élu et qui ne l'est pas à la tête d'un pays [...]. Le faisant, elle outrepasse ses droits, ce qui lui arrive de plus en plus''.* Dois-je lui rappeler que l'ONU n'a guère outrepassé ses droits dans mon pays, et qu'elle avait non seulement le droit, mais aussi et surtout le devoir de dire clairement, en vertu du mandat de certification qui était le sien, qui avait remporté l'élection présidentielle en Côte d'Ivoire. En revanche, elle n'a pas décidé qui a été élu, les électeurs ivoiriens, avec 54,10% des voix, se sont chargés de cette décision, souverainement, et non sous le diktat onusien ou français.

Du non-sens de la recolonisation de l'Afrique

Partant de ce postulat erroné, l'auteur croit entendre des bruits de bottes coloniales, qui n'existent que dans son subconscient : ce sont des bruits psychologiques, émanant des traumatismes de l'histoire moderne de l'Afrique. Et toute suggestion d'une tentative de recolonisation de l'Afrique par l'ONU, dans ce cas d'espèce, est au mieux, l'expression d'une malhonnêteté intellectuelle, et au pire, une tentative de manipuler l'opinion, en taisant la vérité sur la confiscation éhontée du pouvoir d'État, par un candidat sortant et sorti du palais, dans les urnes, et ce, par la seule volonté de ses concitoyens !

On voit bien que monsieur Monénembo n'est pas Ivoirien, et qu'il ne connaît pas assez Laurent Gbagbo, sinon il ne saurait faire preuve d'autant de naïveté, au point de suggérer ceci : *''Pourquoi le défi et la menace du canon là où la discrétion, la ruse, la prudence et le tact bref, l'art de la diplomatie, auraient suffi ?''.* Je crois qu'Abidjan a été le théâtre de beaucoup trop de ballets diplomatiques – tous soldés par des échecs patents - depuis le scrutin présidentiel du 28 novembre 2010, pour que Monénembo réalise aujourd'hui, combien il avait fait fausse route sur ce point précis. Car aucune diplomatie ne convaincra jamais Laurent Gbagbo de céder le fauteuil au président élu. L'homme, son épouse Simone, et leurs nombreux pasteurs évangéliques, sont dans une logique métaphysique : Gbagbo serait l'homme oint, spécialement envoyé par l'Éternel des Armées, pour présider indéfiniment aux destinées de la Côte d'Ivoire ! M. Gbagbo est comme ces despotes de la trame de Louis XIV, qui croyaient tenir leur pouvoir de droit divin, d'où sa référence à Napoléon Bonaparte, lors de sa ''prestation de serment'' le 4 décembre 2010.

De la question ethnique

Par ailleurs, je comprends le dépit du romancier, qui éprouve des difficultés à accepter la *''victoire''* électorale d'Alpha Condé, devant le frère peul, Cellou Dalein Diallo, en Guinée. Surtout, il avale difficilement le silence de la communauté internationale, devant cette autre *''élection douteuse''* ; silence qui contraste avec le tollé quasi-mondial, qui s'est levé pour fustiger la confiscation du pouvoir par le voisin d'à côté. *''La situation paraît d'autant inquiétante qu'il plane sur la région un "non-dit" tribal lourd de menaces pour l'avenir : tout sauf un Dioula au pouvoir à Abidjan ; tout sauf un Peul au pouvoir à Conakry.''*, clame-t-il. Je ne sais pas si cela est vrai pour la Guinée, mais ce n'est certainement pas vrai pour ce qui est de la Côte d'Ivoire :

l'électorat de Laurent Gbagbo, quelque minoritaire qu'il soit, va bien au-delà de son groupe linguistique bété ; l'élection de M. Ouattara n'a été possible qu'avec le vote massif, à la fois des Wês de Mabri Toikeuse, notamment dans le département de Man, et des Baoulés d'Henri Konan Bédié, qui sont linguistiquement, culturellement, historiquement, et même au plan religieux, très différents des Malinkés.

Une ingérence étrangère justifiée

En outre, devant les réactions universelles, par rapport à ce qui se passe en Côte d'Ivoire, le romancier s'interroge : *''pourquoi une simple élection africaine a pris une dimension mondiale''*. La réponse à cette interrogation est toute simple : ce pays sort d'une décennie de turbulences politiques ; il a frôlé la guerre civile, et tout le monde savait que si ces élections de fin 2010 se passaient mal, ce serait prendre le risque de tomber dans le scénario rwandais. C'est pourquoi, les acteurs politiques ivoiriens - dont M. Gbagbo – ont sollicité l'arbitrage de l'ONU, lors des pourparlers de Pretoria, en 2005. L'ONU a accepté le mandat de certificateur qui lui a été confié. Par le truchement de la résolution 1721, du 1er novembre 2006 - **sans oublier la résolution 1633, du 21 octobre 2005** -, elle devenait un acteur incontournable du processus électoral ivoirien. C'est la première fois, qu'en Afrique, et sans doute aussi dans le monde, qu'un État souverain donne un tel blanc-seing à la communauté internationale, pour s'ingérer dans ses affaires intérieures. Mais les acteurs politiques ivoiriens l'ont voulu ainsi, tant ils n'avaient aucune confiance les uns dans les autres, encore moins dans leurs institutions, au premier rang desquelles le Conseil Constitutionnel.

Ce qui se passe aujourd'hui montre, assez éloquemment, qu'ils avaient raison de suspecter leurs propres institutions et juridictions, de parti-pris, en faveur de l'un ou l'autre des finalistes. De plus, la constitution ivoirienne de juillet 2000, en son article 87, reconnaît la primauté des accords et traités sur nos lois nationales : *''Les Traités ou Accords régulièrement ratifiés ont, dès leur publication, une autorité supérieure à celle des lois [nationales], sous réserve, pour chaque Traité ou Accord, de son application par l'autre partie''*. C'est pourquoi, toute affirmation selon laquelle l'ONU veut décider qui a été élu en Côte d'Ivoire, ou qu'elle veut recoloniser ce pays, consacre une méconnaissance de la loi fondamentale ivoirienne, et des accords de paix signés par les leaders politiques ivoiriens eux-mêmes.

Calixthe Beyala devrait rester fermement dans la fiction

Le dimanche 23 janvier 2011, j'ai suivi avec intérêt, l'interview de Calixthe Beyala sur 3A Télé Sud. La voix cassée, les sourcils retracés au crayon noir, sourires aux lèvres, elle bougeait la tête de façon à offrir son meilleur profil aux caméras. Véritable séance de séduction, n'est-ce pas ? Mais passons ! Ce qui m'intéresse ici, c'est son mensonge et sa mauvaise foi lorsque, parlant d'Alassane Ouattara, elle affirme : *''Je crois que cet homme n'a jamais été élu''*.

Pour sa gouverne, je rappelle que le Dr Alassane Ouattara a été élu par ses concitoyens avec 54,10% des suffrages exprimés, contre les 45,90% de son candidat, Laurent Gbagbo. Ce n'est certainement pas par décret signé des USA, de la France ou des Nations Unies, que le président Ouattara a été déclaré élu. Les 54,10% d'électeurs, qui ont porté leur choix sur lui, n'étaient sûrement pas des citoyens français, ni américains, mais des Ivoiriens régulièrement inscrits sur la liste électorale.

Si Calixthe Beyala a raison de dire que, sur la base des élections passées, Laurent Gbagbo est le président des Ivoiriens, les 54,10% des électeurs, qui ont voté pour Ouattara, sont-ils alors des apatrides ? Ou des Camerounais, peut-être ? Je crois savoir qu'en démocratie, pour ce qui est du suffrage universel direct, du moins, le candidat qui obtient au-delà de 50%, est déclaré vainqueur. On voit bien que la romancière devrait rester fermement dans le monde de la fiction, puisqu'elle n'est pas apte à apprécier la réalité contingente.

Les carences politiques de la romancière

Je ne sais pas si elle est bonne romancière – puisque je n'ai lu aucun de ses livres -, mais je constate qu'elle n'a aucune compétence pour être analyste politique. Sinon, d'où vient-il qu'elle convoque le fameux épisode Bush-Al Gore, pour établir une similitude équationnelle entre celui-ci et la situation ivoirienne ? Si elle avait la moindre culture politique, elle saurait que le président de la République de Côte d'Ivoire est élu au suffrage universel direct, ce qui n'est point le cas aux USA. Il est certain que si les Américains avaient opté pour ce système, Al Gore aurait eu un destin présidentiel.

Mais son inculture politique transparaît également dans l'assertion suivante, in *Jeune Afrique* du 04 janvier 2011 : *"Je ne crois pas que M. Alassane Ouattara soit le président élu de la Côte d'Ivoire car, pour cela, il eût fallu que sa victoire fût reconnue par le Conseil constitutionnel de son pays..."*. Je lui demande simplement de relire ce que j'ai déjà énoncé plus haut sur la genèse de la certification onusienne, qui a valeur supranationale, et qui est donc supérieure à toutes décisions de notre Conseil Constitutionnel relatives à ces élections. Sait-elle aussi que le vocabulaire des Ivoiriens s'est enrichi du vocable de *"yaondreries"*[1], c'est-à-dire, des décisions juridiques iniques et dénuées de tout fondement en droit ?

Et cette contre-vérité absolue, qui veut que Gbagbo soit un grand défenseur de la souveraineté nationale ? Je suis au regret d'apprendre à la romancière qu'il n'y a rien de plus faux, et que ce n'est certainement pas une *"réalité"* ; ce n'est ni *"vérifié"* ni *"palpable"*. Je mesure ici à quel point elle méconnaît mon pays et M. Laurent Gbagbo, dont elle est devenue une des thuriféraires les plus exaltées.

---

[1] Pendant la crise postélectorale, le langage ivoirien - qui était déjà très dynamique et créatif - s'est enrichi de nouveaux vocables, dont une *yaondrérie*, qui est une décision juridique inique, et dénuée de tout fondement en droit. Étymologiquement, cette forgerie se décompose de la manière suivante : yao + n'dré+ le suffixe -rie. C'est donc la façon particulière de Paul Yao N'dré, ex-président du Conseil Constitutionnel ivoirien, de dire le droit à l'envers.

Sait-elle que le souverainiste, qui la séduit tant, est le président qui a le plus bradé l'économie de la Côte d'Ivoire au profit des multinationales françaises ?

Désinformation et manipulation

Je veux lui donner ici quelques exemples seulement : Bolloré a obtenu, sous Laurent Gbagbo, et de gré à gré, le contrat d'exploitation du terminal à conteneurs du port d'Abidjan ; Euro RSCG a empoché 2 millions d'Euros, soit 1,3 milliard de francs CFA pour conduire la communication du candidat 100% Ivoirien, lors de la présidentielle passée. Le contrat d'exploitation des secteurs de la téléphonie, de l'eau et de l'électricité, a été renouvelé au profit de Martin Bouygues. Ce dernier s'est aussi adjugé la construction du 3ème pont d'Abidjan tandis que Vinci construit le palais présidentiel et le siège du gouvernement à Yamoussoukro. De plus, Total vient de bénéficier, en octobre dernier, d'un permis d'exploitation de pétrole aux larges d'Abidjan. Saco, ADP et l'américain Cargill ont le contrôle de la quasi-totalité du cacao ivoirien. Ainsi que le souligne l'écrivain togolais Gerry Tarna : *''Aujourd'hui, l'État ne contrôle plus le secteur [du cacao] ni en amont ni en aval. Les financements des principales opérations se font à travers la Société Générale, la Standard Chartered et la BNP Paribas, les banques locales servant pour le paiement de taxes et de redevances à l'exportation''.* Et vous avez dit souverainiste ? Sans doute l'écrivaine s'est muée en lexicologue pour attribuer un autre sens au vocable !

La laudatrice du chef de file de la refondation ne croit pas si bien dire lorsqu'elle affirme, sans fard, que : *''Gbagbo n'est pas seul. Il a le peuple africain à ses côtés. [...] Je crois enfin que Gbagbo, ainsi que le peuple ivoirien, se battront jusqu'au bout pour ne point se faire dépouiller''*. Je me demande quelle est la définition que Calixthe Beyala donne au peuple, mot pompeux, s'il en est. De quel peuple africain parle-t-elle donc ? Les Africains applaudissent-ils, dans leur ensemble, et unanimement, le coup d'État électoral de M. Gbagbo ? Ou parle-t-elle d'une minorité d'Africains – sans doute les 5.000 manifestants à Paris – qui font du bruit de temps à autres, pour montrer qu'ils existent, et donner l'impression qu'ils sont la majorité des Africains ? Quant au peuple ivoirien, qui se battrait aux côtés de M. Gbagbo, compte-t-elle parmi ce peuple les 54,10% d'électeurs ivoiriens, qui ont voté pour M. Ouattara ? Ou en seraient-ils exclus ? Le peuple ivoirien ne se limite guère aux 45,90% d'Ivoiriens, qui ont porté leur choix sur M. Gbagbo. Au surplus, il ne conteste pas qu'il ait obtenu moins de voix que son adversaire : il prétend juste que ce dernier a bénéficié de fraudes massives, et qu'il faut donc annuler le scrutin dans sept départements du nord et du centre. Or, au premier tour, où il n'avait pas allégué de fraudes, le candidat Ouattara avait déjà recueilli plus de 400.000 suffrages dans cette zone. Au second tour, Henri Konan Bédié, ayant appelé à voter et ayant fait campagne pour lui, il ne pouvait que faire mieux : d'où ses 544.000 voix obtenues grâce à l'électorat PDCI du centre. Mais Beyala n'en a cure ; elle croit plutôt que Gbagbo est victime d'un coup d'État électoral ! C'est à croire qu'elle marche sur la tête !

Aigreur, complexe d'infériorité et arrivisme

Le plus beau dans tout ceci est qu'elle pense que l'Europe se tourne vers l'Afrique pour ses *"richesses"* et *"pour sa capacité de soumission bas-ventrale..."*. Elle ne croit pas si bien dire, elle qui a tant soumis son bas-ventre à Michel Drucker, deux ans durant, dans l'espoir de s'intégrer définitivement, par ce moyen peu honorable, dans la société française toute blanche.

Faisons un simple détour dans la psychologie de cette dame, et donnons-lui la parole pour que, en ses propres termes, elle nous révèle sa personnalité : *"En deux ans, nous ne sommes restés que dix jours sans nous voir. Il vivait avec moi dans ma maison. Le poissonnier et le boucher du quartier le connaissaient car il allait lui-même faire les courses. D'ailleurs, la penderie est encore pleine de ses vêtements qu'il n'a jamais récupérés"* [...]. *"Ce sont les circonstances de la séparation que je trouve inadmissibles"*. [...] Il m'a dit : que dirait la France profonde si je divorçais pour épouser une femme noire ?" [...] *Je ne lui pardonnerai jamais de m'avoir réduite à ma "négritude". Même sur mon lit de mort"*. [...] *"Cet homme qui, le matin encore me disait "je t'aime", m'a fait appeler par son assistante pour me signifier que notre relation était terminée"*. [...] *"La preuve, on le voit cette semaine à la une d'un magazine people où il proclame qu'il ne quittera jamais son épouse. Et pourtant il m'avait promis le mariage en m'offrant une alliance pour sceller notre amour. On a même essayé de faire un enfant''.*

Je ne perdrai pas mon temps à faire un commentaire de ces morceaux choisis ; tout au plus, je dirais que cette dame est troublée, minée par la rancœur et l'humiliation. Il n'y a rien de nouveau en cela, pour qui a déjà vu la mine d'une femme congédiée. Seulement, notre amazone semble avoir découvert, subitement, le racisme de son ex-amant, après qu'ils eurent vécu ensemble plus de deux ans. Et pas seulement qu'il est raciste – sinon comment aurait-il pu arrêter de consommer sa succulente Nolivé bamilékée, après deux ans - mais il serait aussi avare. Et l'amante éconduite, sans élégance, ni ménagement, qui se rue dans les tribunaux, exigeant 200.000 euros, pas moins, à son célèbre personnage de télévision d'ex-amant, pour un livre qu'elle aurait écrit pour lui. Déboutée une première fois, et condamnée pour procédure abusive, elle fera appel, harcèlera l'amant ingrat, qui l'a humiliée, jusqu'à obtenir gain de cause à la mi-janvier 2011 : 40.000 euros dans l'escarcelle, pas assez sans doute, mais tout de même 20% des 200.000 espérés, c'est pas mal du tout ! Sauf que M. Gbagbo, qui est plus généreux, peut lui en donner beaucoup plus.

Tout cela me permet de dire que Calixthe Beyala est le prototype de la femme arriviste, pas de l'ambitieuse. Elle fuit son Cameroun natal, pour s'installer en France, demande et en obtient la nationalité de ce pays, séduit le célèbre animateur de télé, Michel Drucker, pour espérer se hisser au sommet de la société française, par ce moyen peu honorable. Déçue de n'avoir pas été épousée, ni d'avoir eu son bébé métis, en plus d'avoir été congédiée, avouons-le, sans galanterie, elle tente de saigner financièrement l'ex-amoureux, sans scrupule. Il devient du jour au lendemain un hypocrite, un avare, un menteur, un raciste, et un filou. On se promène sur les plateaux de télévision, et on se répand dans les journaux, pour faire le déballage de cette saga indigne. Et, la main sur le cœur, on jure que ce n'est pas une affaire de sous, cette balade dans les tribunaux de 2006 à 2011, mais une question de principe !

Je crois sincèrement que Beyala n'a point de repères moraux, et qu'elle est disqualifiée pour faire la leçon de morale à l'Occident, en ce qui concerne l'élection présidentielle en Côte d'Ivoire. Elle n'aime certainement pas la Côte d'Ivoire davantage que la majorité des citoyens ivoiriens, qui ont voté pour M. Ouattara. Si elle aime tant M. Gbagbo, je lui suggère de venir le chercher – ce serait nous enlever une épine du pied – pour l'installer en lieu et place de Paul Biya. Je suis sûr qu'il ferait un excellent remplaçant à ce dernier ; qu'il développerait son Cameroun natal, là où il a enfoncé la Côte d'Ivoire dans une paupérisation sans précédent ; qu'il défendrait efficacement l'intégrité du territoire camerounais, devant les troupes nigérianes, là où il a échoué à défendre les 322.462 km2 d'Éburnie, devant quelques caporaux de notre propre armée ; qu'il réaliserait de grands travaux d'infrastructure, là où il a bousillé les nôtres en dix ans ; qu'il mettrait fin à la corruption, qui mine le Cameroun, là où chez nous, son régime a vendu tous les concours d'entrée à l'ENA, à la Fonction publique, au Cafop, à l'ENS, à l'école de police et de gendarmerie, etc. Les Ivoiriens, je parle de la majorité d'entre eux, qui sont réduits au silence, par la force des kalachnikovs de l'armée et des forces de sécurité, n'attendent qu'un dénouement si heureux. Alors pourquoi ne pas faire d'une pierre deux coups ?

Dr Famahan SAMAKÉ
Ph.D.
Royaume Uni
10 février 2011

LAURENT GBAGBO ET LE CULTE DE L'HOMME FORT

*"Mais je **résisterai**. J'ai le cuir épais. Bédié s'est couché. Moi, je ne laisserai jamais Alassane Ouattara diriger la Côte d'Ivoire. S'il veut mon fauteuil, il faudra d'abord qu'il me passe sur le corps !"*.

Ce propos de Laurent Gbagbo, selon **Jeune Afrique** du 18 décembre 2010, résume toute la psyché de l'homme. Car l'ex-président de la Côte d'Ivoire ne conçoit la vie qu'en termes de lutte, de résistance et de bataille : *"Les sondages ne font pas une élection, personne n'est propriétaire de ses voix. Rien n'est gagné d'avance, alors je me **bats**"*, confiait-il à François Soudan, dans un autre numéro de **Jeune Afrique**, celui du 26 octobre 2010, déjà. Il rêvait alors d'une finale contre le président Bédié. Mais interrogé par le journaliste de ce qu'il pense d'une finale contre Alassane Ouattara, il répondit : *"Ce sera sans doute plus facile. Mais peu importe, pourvu que mon adversaire soit sorti des urnes"*.

Cependant, pour le baroudeur qu'il est, M. Gbagbo salivait devant la perspective d'une âpre bataille électorale à Abidjan, d'où cette assertion dans l'édition du 27 novembre 2010 : *"Et Abidjan, c'est le laboratoire de la Côte d'Ivoire de demain. C'est là que la **bataille** sera la plus intéressante à observer : ce sera une **bataille** pour les valeurs démocratiques, une **bataille** éthique"*. Et c'est précisément l'absence de tout esprit belliqueux chez le président Bédié, qui constitue la différence entre lui et ce dernier : *"Moi, je ne conçois pas qu'un chef puisse, comme il l'a fait en décembre 1999, abandonner son pays et ne pas organiser la **lutte** contre l'agression"*. Plus loin, il soulignait encore sa vision de la chefferie : *"Un chef, ça se **bat**, ça **résiste**, quitte à y laisser la vie !"*.

Ajoutez à tout cela la conclusion qu'il avait tirée à la fin de son passage catastrophique sur les plateaux de la RTI, à l'avant-veille de l'élection du premier tour. À la question de savoir pourquoi les Ivoiriens devraient voter pour lui, plutôt que pour un autre candidat, il répondait : *"... parce que je suis celui qui sait **résister** contre les bourrasques"*. Enfin, dans son face-à-face contre Alassane Ouattara, le 25 novembre, il a prononcé cinq fois le mot *"lutte"* : *"la **lutte** contre le chômage"*, *"la **lutte** contre la corruption"*, *"la **lutte** contre l'insécurité"*, *"la **lutte** contre le racket"*, etc.

Pour Laurent Gbagbo, le pouvoir, c'est l'affaire du plus fort ; la seule aptitude exigée étant celle d'être un excellent lutteur. Mais quand comprendra-t-il donc qu'un président n'a pas besoin d'être un lion, roi de la jungle ? Il n'a pas besoin d'être le plus fort dans son pays, ni besoin d'écraser tous ses adversaires, pour prouver qu'il est le "woody", c'est-à-dire, le mâle dominant. Dans une société policée, la force ne fait pas droit, ainsi que l'affirmait Jean-Jacques Rousseau, dans son **Contrat Social**. Cette mauvaise appréciation des valeurs requises pour être chef, fait que Laurent Gbagbo ne prononce jamais les mots essentiels, comme développement, comme croissance économique, comme industrialisation, qualité de l'éducation nationale, amélioration du système de santé, assainissement de l'environnement, amélioration du niveau de vie, politique ambitieuse de l'emploi, balance commerciale excédentaire, surplus budgétaire, augmentation de l'espérance de vie, etc. Si son bilan est désastreux, c'est parce qu'il n'a rien compris à la fonction présidentielle : on ne lutte pas contre des notions abstraites – chômage, corruption, insécurité, racket, et quoi encore ? - car on ne peut pas les voir. On mène une politique qui permet d'y trouver des solutions : une bonne politique de formation et d'éducation, une politique de l'emploi, fondée sur la croissance économique, une politique de moralisation de la vie publique, une bonne politique sociale et d'éducation civique, une politique sanitaire, et tout le reste.

En termes simples, il s'agit de réfléchir – et non de se battre -, car la réflexion permet de dégager des propositions de solutions. Et quand on les a, on délègue des pouvoirs à ses collaborateurs et subalternes, pour mettre en pratique cette politique, et on exige d'eux des résultats. C'est de cela qu'il s'agit, sinon l'on organiserait des compétitions de lutte, à l'échelle nationale, pour débusquer l'Okonkwo du pays, tous les 5 ans, plutôt que d'organiser une élection présidentielle. Et l'Okonkwo resterait en place tant qu'il pouvait triompher de tous ses challengers, jusqu'à ce qu'il soit terrassé par un autre lutteur.

Dire donc que Laurent Gbagbo n'a pas pu travailler, ces dix dernières années, parce qu'il en a été empêché, est on ne peut plus puéril. Comme je l'ai dit plus haut, un président, ça arrête une politique, et ça délègue son pouvoir à des collaborateurs et subalternes, pour la mettre en œuvre. Le président n'a pas à travailler de ses mains, comme dans une plantation de cacao. Le travailleur manuel peut être empêché physiquement de travailler ; un travailleur intellectuel, comme le président de la République, non ! Il lui suffit d'avoir réfléchi à une politique ambitieuse, et à la faire mettre en œuvre par plus petits que lui, mais des gens compétents et honnêtes, travailleurs et ambitieux, pas des copains et coquins, de moralité douteuse, et foncièrement incompétents. Un président, empêché de travailler ? Il est totalement incompétent, et devrait, au nom de l'honneur, démissionner avant la fin de son mandat !

Dr Famahan SAMAKE
PhD
Royaume Uni
12 février 2011.

L'U.A. AU PIED DU MUR

L'Union Africaine est désormais au pied du mur. Et elle devra nous convaincre de ce qu'elle est bonne maçonne. En effet, après s'être dépêchée de dessaisir la CEDEAO du dossier ivoirien, elle a mis quarante jours pleins, pour reconnaître à nouveau, l'élection du candidat Ouattara. Avait-on besoin de perdre autant de semaines, pour ressasser une évidence ?

Elle a cassé en tout cas la dynamique de l'usage de la force légitime, préconisée par l'organisation sous-régionale, et qui aurait déjà réglé le problème à cette heure. C'est vrai qu'elle avait annoncé, entre-temps, que ses décisions seraient contraignantes, mais tout le monde attend de voir ce que cette contrainte recouvre.

L'Union Africaine va-t-elle utiliser la force légitime, que la CEDEAO a préconisée ? Ou alors va-t-elle contraindre M. Gbagbo à quitter le pouvoir, autrement que par la force ? Par la magie, peut-être ? Ou en prenant des sanctions ciblées contre lui et son régime fantoche ? Ou encore, va-t-elle s'abriter derrière la CEDEAO, et pousser cette petite mais teigneuse organisation sous-régionale, à terminer le travail qu'elle avait déjà commencé ? J'avoue que je n'ai aucune réponse à ces interrogations majeures, et je doute qu'il se trouve personne, du reste, qui puisse y répondre, à l'heure actuelle.

Il va sans dire, en tout cas, que ce ne sera pas une partie de plaisir pour l'UA, car déjà, les hyènes ont commencé à hurler sur LMPTV : Awa Ehoura Thabitha Danon dit que la réunion de l'UA a accouché d'une souris, quand Mambo Abé accuse l'organisation panafricaine de voyeurisme et de perversion, car elle voudrait que nous commettions un inceste, sous ses yeux, c'est-à-dire, que nous violions notre mère, la Côte d'Ivoire, la Constitution. Le langage est violent, et la métaphore encore plus hasardeuse, et des plus choquantes.

Mais qu'importe, si ça choque ! Déjà, on bat le rappel des troupes hystériques, sous la férule des Richard Dakoury, et sans aucun doute, de Navigué Konaté et de Blé Goudé bientôt. On peut s'attendre à une montée d'adrénaline, dans les agoras, les parlements et Sorbonne, dans les jours à venir. J'ose espérer que l'UA a assez de testostérones pour soutenir tant d'adversité.

Dr Famahan SAMAKÉ
Ph.D.
Royaume-Uni
11 mars 2011

LE PANEL DE 5 CHEFS D'ÉTAT, OU LA DÉBÂCLE DE L'UNION AFRICAINE

Il faut qu'on se comprenne bien : je suis profondément optimiste, quant à la résolution finale et prochaine de la crise ivoirienne, mais je suis plus que pessimiste, dans ce dossier, quant au moindre succès potentiel du fameux panel des chefs d'État. Je sais que le régime Gbagbo sera balayé bientôt, mais ce sera par les armes, et non par le dialogue, et surtout pas grâce au panel de l'UA, qui n'est que pure diversion, pour proroger la souffrance des Ivoiriens.

LE MANQUE DE COURAGE CHEZ L'UNION AFRICAINE

La mise sur pied d'un panel de chefs d'État est l'expression achevée de la couardise de l'Union Africaine, devant la situation en Côte d'Ivoire. Elle a manqué crucialement de courage : il lui en faudrait une bonne dose, pour intimer à M. Gbagbo, l'ordre de déguerpir du palais présidentiel. Et pourtant, dès les 5 et 9 décembre 2010, elle avait affirmé, haut et fort, qu'elle reconnaissait la victoire de M. Ouattara, et demandait à Laurent Gbagbo, de lui céder le fauteuil présidentiel. Plus tard, elle a mandaté, tour à tour, Thabo Mbeki, Jean Ping, et enfin Raila Odinga, par deux fois, sur les bords de la lagune Ébriée, pour faire de la médiation. Tous ces ballets diplomatiques se sont soldés par un zéro pointé.

La CEDEAO a, elle aussi, mené les siens, avec les défilés d'Olusegun Obasanjo, Pedro Pires, Yayi Boni et Ernest Koroma – tiens, tiens, c'était déjà un panel de chefs d'État, il me semble ! -, venus collégialement, par deux fois de suite. Encore un bide ! Au moment où la CEDEAO cherche à mettre à exécution sa menace militaire, après avoir rencontré des pays membres permanents du Conseil de Sécurité – France, Royaume-Uni et USA -, et demandé à l'ONU de voter une résolution autorisant le recours à <<la force légitime>> pour déloger l'usurpateur du palais présidentiel, voilà que l'Union Africaine donne dans les atermoiements.

Ce dégonflement de l'organisation panafricaine est tellement flagrant qu'elle a été incapable de préciser la feuille de route du panel des cinq. On parle d'un groupe d'experts (en quoi ?) dont on ignore combien ils seront, d'où ils viendront, comment ils travailleront, et, surtout, s'ils étudieront la crise à la place des chefs d'État, ou s'ils seront tout simplement sollicités pour donner un avis à ces derniers. On dit aussi que les décisions du panel seront contraignantes.

Mais comment ? Qui va contraindre M. Gbagbo à les accepter, si d'aventure ces décisions étaient contre lui ? On le contraindra par les armes, ou avec des pressions diplomatiques, ou encore par des sanctions économiques et/ou commerciales ? S'il faut le contraindre à les accepter par les armes, l'UA prendra-t-elle les armes contre lui ? Ou demandera-t-elle à la CEDEAO de reprendre son combat où elle l'a laissé ?

POUR UNE POLITIQUE DE L'AUTRUCHE

L'Union Africaine, c'est le cas de le dire, a opté pour la politique de l'autruche : elle s'est voilé la face, pour feindre de ne pas voir le problème. Elle sait très bien que ses quatre précédentes missions de médiation ont toutes échoué, lamentablement, et que cette énième tentative se soldera également par un échec cuisant. Cependant, elle s'est engouffrée dans cette brèche, parce qu'elle lui permettait de ne point prendre ses responsabilités, pour trancher cette querelle, une fois pour toutes. Ça donne aussi bonne conscience, car on aura l'impression qu'elle a évité la guerre et épargné ainsi des vies humaines. Sauf qu'en réalité, elle a fui ses responsabilités historiques, et prolongé la souffrance des Ivoiriens, pour au moins un mois entier. Sait-elle qu'un mois, dans la Côte d'Ivoire d'aujourd'hui, ça coûte au moins 150 morts dans les rangs des partisans du RHDP ?

LE PANEL DES 5 A DÉJÀ ÉCHOUÉ

Cette sentence n'est pas de moi, elle est de Blé Goudé, d'Affi N'guessan et d'Alcide Djédjé. Le premier disait, le 1er février à Yopougon, qu'il récusait – je ne sais à quel titre – Blaise Compaoré, qui serait le problème. Le second disait, ce 2 février, que le même Blaise avait organisé la rébellion et trahi la confiance du pouvoir LMP. Depuis Addis-Abeba, le dernier tranchait la question, en affirmant que tout ce qui n'est pas conforme à la constitution ivoirienne, sera rejeté, entendez par là, tout ce qui ne dira pas que M. Gbagbo a remporté les élections, comme proclamé et investi par le Conseil Constitutionnel. Or nous avons tous lu le communiqué de presse du Conseil de Paix et de Sécurité, qui souligne très clairement que l'UA reconnaît Alassane Dramane OUATTARA, comme le président élu. Comme l'UA ne peut pas venir inverser ses propres résultats, comme l'a fait notre auguste Conseil Constitutionnel – ce serait en effet trop scélérat et trop visible –, on ne voit pas comment le panel pourrait bien réussir sa mission. Si tant est qu'il vise à faire en sorte que M. Ouattara exerce véritablement le pouvoir, ainsi que l'a affirmé Jean Ping, alors il convient de dire, par avance, que le panel a déjà échoué. Pour une fois, Blé Goudé, Affi N'guessan et Alcide Djédjé auront dit la vérité.

LA VOIE DES ARMES COMME SEULE SOLUTION

On sait tous que l'UA ne peut contraindre aucune des parties – surtout celle de LMP – à accepter ses conclusions. Elle n'en a pas l'habitude : il suffit d'interroger l'histoire récente de l'Afrique des Mwai Kibaki et Robert Mugabe, pour s'en rendre compte. L'UA ne peut que proposer des compromissions, comme au Kenya et au Zimbabwe, c'est-à-dire, pour reprendre le mot de Raila Odinga, ''l'exemple même de ce qu'il ne faut pas faire'' : conserver le perdant des élections au palais présidentiel, et demander au vainqueur, de le subir, en tant que son premier ministre ! Donc, lorsque l'UA se frottera au refus du camp LMP de se soumettre à ses conclusions, elle n'aura pas le courage de prendre les armes pour déloger le squatteur du palais. Il s'en trouvera des chefs d'État pour s'y opposer : viendra Jacob Zuma, et suivront Robert Mugabe, Mwai Kibaki, Eduardo Dos

Santos, Pedro Pires, Atta Mills, et sans doute quelques autres. Surtout les 18 présidents sortants, qui devront se soumettre au suffrage universel, cette année, ou en 2012, n'en voudront pas, de peur qu'on les dégage bientôt – le cas Gbagbo servant de précédent –, s'ils voulaient eux aussi inverser les résultats chez eux. L'UA n'aura pas d'autre choix que de se tourner vers la petite CEDEAO, qui a déjà eu le courage au moins de monter au créneau. Et elle conclura le feuilleton.

Je suis certain que les armes sont le passage obligé pour clore le débat sur la crise ivoirienne. LMP ne craint que la force seule ; elle a une peur bleue de l'ECOMOG. Pour s'en convaincre, il suffit de voir le soulagement des refondateurs, chaque fois que l'option militaire s'éloigne de quelques jours ; ils se félicitent alors de ce que cette option militaire soit définitivement écartée, au profit du dialogue. Mais les armes leur feront entendre raison, lorsque les obus s'abattront sur la résidence du chef de l'État et sur le palais présidentiel du Plateau, ainsi que sur la RTI et la radio nationale. Les déflagrations seront alors trop assourdissantes, pour ne pas être entendues, même pour ceux qui ont l'oreille dure d'un refondateur !

Dr Famahan SAMAKE
Ph.D.
Royaume Uni
2 février 2011.

C'EST OFFICIEL, L'U.A. ET SON PANEL ONT ÉCHOUÉ !

Dans un article en date du 2 février, j'écrivais que le panel de l'UA avait déjà échoué, avant même d'entamer sa mission. Je ne croyais pas si bien dire, jusqu'à ce 28 février, où le Conseil de Paix et de Sécurité – CPS –, en sa 263ème réunion, à Addis-Abeba, vienne confirmer ce que nous savions depuis un mois, c'est-à-dire, sa cuisante défaite dans le dossier ivoirien.

On savait que la crise ivoirienne est très profonde, d'où la très longue liste de médiateurs qu'elle a déjà usés et consommés : Gnassingbé Éyadéma, Abdoulaye Wade – qui obtint le tout premier cessez-le-feu en octobre 2002 –, Jacques Chirac et Dominique de Villepin, John Kuffour, Thabo Mbeki, Blaise Compaoré, encore Thabo Mbeki, Jean Ping, Pedro Pires, Yayi Boni et Ernest Koroma, Raila Odinga, Olusegun Obasanjo, et maintenant le panel des cinq composé de Mohamed Ould Abdel Aziz, Jakaya Kikwete, Blaise Compaoré, Jacob Zuma et Idriss Déby Itno.

Mais de toutes ces médiations, celle de l'UA est, de loin, la plus pathétique et la plus inefficace. Elle manque de méthode et de cohésion : Jacob Zuma soutient aveuglément Laurent Gbagbo et est prêt à tout pour le maintenir au palais présidentiel, même au prix de propositions aussi insensées qu'impraticables, comme une co-présidence, où chacun des deux rivaux gouvernerait 2 ans et demi, avant de céder la place à l'autre ! Que ferait-on alors, si le premier à gouverner, refusait de céder la place à l'autre, dans deux ans et demi ? Blaise Compaoré, qui connaît mieux le dossier ivoirien que quiconque sur le continent, et qui détient une copie originale de chacun des 22.000 procès-verbaux électoraux, entend faire respecter le verdict des urnes – donc installer M. Ouattara dans ses prérogatives -, en sa qualité de facilitateur, ayant permis d'aboutir justement aux élections du 31 octobre et du 28 novembre 2010.

Ces deux positions irréconciliables ont amené Compaoré et James Victor Gbeho, le commissaire de la CEDEAO, à renoncer à se rendre en Côte d'Ivoire le 21 février, et non à cause de la raison d'insécurité invoquée officiellement. La mission conduite par un panel bancal, et amputé d'un membre influent – le mieux informé de la situation, d'entre eux tous -, ne pouvait que foirer. À preuve, alors qu'on lui avait ordonné de trouver une solution à la crise, et de prendre des décisions contraignantes, le panel est venu reprendre à zéro le travail de fond déjà accompli par ses propres experts : s'informer auprès des parties ! Cette répétition générale ne constitue pas qu'une perte de temps, mais plutôt un aveu d'impuissance et d'atermoiements.

En effet, alors que son mandat s'achevait ce 28 février 2011, le panel a pondu un communiqué, annonçant qu'il se réunirait à Nouakchott le 4 mars – LMP devrait logiquement invoquer sa forclusion, et le dessaisir du dossier, au profit du Conseil Constitutionnel de Yao N'dré, pour trancher, définitivement ! Ensuite le CPS pond lui aussi un communiqué, à l'issue de sa 263ème réunion, à Addis-Abeba, pour accorder au panel *"un temps supplémentaire limité pour parachever sa mission"*. Le terme *"limité"* ici ne trompe personne, car il est vide de sens, puisqu'il ne délimite pas justement sa limite. À partir de combien de semaines, ou de mois, va-t-on considérer que le délai supplémentaire a atteint sa limite ? L'UA sait-elle que la situation sécuritaire s'est fortement dégradée sur le terrain, et que l'on a pratiquement glissé dans la guerre civile ? Qu'elle fasse un détour à Abobo, à Yamoussoukro, à Daoukro, à Bin-Houyé, à Zouhan-Hounien, à Daloa et à Koumassi, où tonnent les armes lourdes, pour trouver réponse à ces interrogations rhétoriques. Elle pourrait aussi interroger les dizaines de milliers de résidents d'Abobo, qui fuient les combats, baluchons sur la tête, et bébé au dos, si le nouveau délai leur convient.

Parlant de délai, le CPS accorde au panel un autre mois entier, au point V de son communiqué, où il *"Décide, en conséquence, **de proroger le mandat** du Groupe de haut niveau, en vue de lui permettre de poursuivre et de parachever, **au cours du mois de mars 2011**, l'accomplissement de son mandat consistant à formuler, sur la base des décisions pertinentes de l'UA et de la CEDEAO, une solution politique d'ensemble et à soumettre aux parties ivoiriennes des **propositions de sortie de crise**, ainsi que de faire rapport sur ses activités à **une réunion** du Conseil au niveau des chefs d'État et de*

Gouvernement <u>qui se tiendra par la suite, le plus rapidement possible</u>''.

Y a-t-il encore, en Côte d'Ivoire, des âmes assez optimistes – et naïves aussi, sans doute – pour croire que le panel réussira à nous sortir d'affaire ? Le CPS a déjà dévié de sa mission initiale, qui consiste désormais, non pas à prendre des décisions contraignantes, mais à faire des propositions de sortie de crise. Et remarquez le pluriel de propositions dans le communiqué. C'est dire que les protagonistes auront droit à un menu à la carte !

L'UA viendra simplement pour tergiverser davantage, non pour prendre une décision courageuse. Ce n'est vraiment pas dans la nature de l'homme africain, de dire la vérité plate, car elle blesse celui qui a tort. L'Africain veut plaire aux deux protagonistes en même temps, car il a peur de frustrer l'un d'entre eux, d'où ces arrangements, à la kényane ou à la zimbabwéenne. Le problème que l'Africain a, avec la vérité, est si profond que le CPS n'a pas dit un seul mot sur les exaltations de Blé Goudé, qui a déjà récusé Blaise Compaoré, et fait occuper l'aéroport Houphouët-Boigny, par des jeunes patriotes, afin d'empêcher l'atterrissage de son avion. Si l'UA n'a pas le courage de condamner, au moins pour la forme, le bannissement illégal d'un membre du panel des chefs d'État, dûment mandatés par lui, qui peut encore croire qu'elle pourra prendre des décisions contraignantes, dans ce dossier, et surtout qu'elle pourra contraindre le camp Gbagbo, à s'y plier ?

Je l'ai déjà dit : cette crise sera résolue, non pas par l'UA, mais par la CEDEAO et sa force légitime. À défaut, les Ivoiriens prendront eux-mêmes leur destin en main, pour s'assumer. Les combattants d'Abobo semblent l'avoir compris, et sont déjà au travail : eux n'ont pas attendu les atermoiements de l'UA pour comprendre et agir. Les autres Ivoiriens les suivront, pour accomplir leur destinée, ou ils ne l'accompliront pas.

Dr Famahan SAMAKÉ
Ph.D.
Royaume Uni
1er mars 2011.

U.A. : ÉCHEC ET MAT

La crise postélectorale ivoirienne a enfin connu son épilogue le 11 avril 2011, grâce à l'action des Ivoiriens eux-mêmes, et de celles des forces française et onusienne, c'est-à-dire, avec l'aide de tout le monde, sauf de l'Union Africaine et de la CEDEAO. Mais le plus grave est que, depuis la chute brutale de Laurent Gbagbo, le syndicat des chefs d'État qu'est l'UA, est resté circonspect, bouche bée, aphone, et absent. Tout se passe comme si l'UA n'avait pas été informée du changement qui a eu lieu à la tête de notre pays, ces derniers jours. Pas une déclaration, pas même un simple communiqué, pour prendre acte du changement !

Il paraît que ces messieurs se sont assigné une tâche autrement plus ardue : l'obtention d'une solution pacifique à la crise libyenne ! Ah oui, une solution pacifique, vous avez bien lu ! Je ne sais pas s'ils sont naïfs, en clamant à tous bouts de champs, qu'il faut trouver des solutions pacifiques à toutes les crises qui secouent le continent, mais je suis sûr qu'ils sont de mauvaise foi. Car leur solution pacifique signifie, uniquement, proposer de mauvaises solutions, qui ne frustrent aucune des parties au conflit, qui ne disent donc pas la vérité crue aux protagonistes, et qui tentent d'apaiser chacune d'elles dans les compromissions les plus abjectes. Le résultat, on le voit au Zimbabwe de Robert Mugabe. Y-a-t-il des âmes honnêtes, en Afrique, qui pensent que cet énième panel de cinq chefs d'État dépêchés par l'UA, soit capable de solutionner le problème libyen, là où un panel similaire a échoué à régler la petite crise ivoirienne ?

Déjà, le 30 janvier 2011, l'UA avait annoncé des décisions contraignantes pour les deux parties ivoiriennes. À l'arrivée, le 10 mars 2011, ces contraintes se sont muées en propositions, suivies d'un énième haut représentant, qui devrait diriger des médiations sur 15 jours, en vue de la mise en œuvre des propositions contraignantes. Il a fallu attendre 16 jours plus tard, pour que l'UA nomme son haut représentant, qui n'était qu'un nain politique, issu d'une île minuscule, qui a autant de poids que Bouaké ! Alors Ivoiriens, si nous attendions l'UA pour nous sortir d'affaire, en quelle année aurions-nous obtenu le départ conciliant de Laurent Gbagbo ? Libyens, si vous attendez l'UA pour régler votre problème, en quelle année y parviendra-t-elle ? Je vous suggère, d'ores et déjà, de vous armer de courage et de patience !

La seule vérité qui vaille, est que l'Afrique n'est pas assez mûre pour régler ses propres problèmes. Ce n'est que par fanfaronnade, qu'elle crie toujours qu'il faut la laisser régler ses propres problèmes. Quand l'Occident lui laisse le champ libre, elle tergiverse, trébuche et balbutie. L'Occident prend alors la relève pour régler le problème, comme l'a fait hier Georges Bush au Liberia, comme Tony Blair l'a fait en Sierra Leone, et comme Sarkozy vient de le faire en Côte d'Ivoire. Il en sera de même en Libye. Hélas, là aussi, l'Afrique échouera à régler ses problèmes elle-même, comme toujours. Comment l'UA pourrait-elle y avoir du succès, quand Kaddafi paie les contributions de 12 pays au budget de l'UA, en plus de ce qu'il paie déjà à lui seul près de 60% de ce budget total ? Tous ces messieurs en costumes et cravates, mangent à sa soupe, et sont capables de lui dire tout sauf la vérité qui fâche. L'UA, en tant que syndicat des chefs d'État d'Afrique, ne fait rien d'autre que ce que fait tout syndicat : défendre les intérêts matériels et moraux des syndiqués, de même qu'exiger de meilleures conditions de travail pour eux ! L'UA n'a guère vocation à défendre les peuples africains ! C'est pourquoi, elle a échoué en Côte d'Ivoire, et elle échouera en Libye. Et partout, ce sera échec et mat, tant qu'elle restera un syndicat des chefs d'État.

Dr Famahan SAMAKÉ
Ph.D.
Royaume-Uni
13 avril 2011

DE L'INCOMPÉTENCE DE L'UNION AFRICAINE

De mémoire d'Africain, l'Afrique n'a sans doute jamais connu autant de graves crises politiques, que pendant ce premier semestre de l'an 2011. Au commencement était la Côte d'Ivoire, puis vint la Tunisie de Ben Ali, suivie de l'Égypte d'Hosni Moubarak. À présent, c'est la Libye de Mouammar Kaddafi, qui croule sous les bombes de l'OTAN. Cependant, comme tous les Africains, je me pose cette question cruciale : où est donc passée l'Union Africaine, pendant que le continent brûle ?

Avant d'envisager de répondre à cette interrogation, il convient de rappeler que l'UA est d'abord et surtout le syndicat des chefs d'État du continent, et, comme tout syndicat digne de ce nom, il veille au respect des intérêts matériels et moraux de ses syndiqués, c'est-à-dire, des dictateurs qui y sont affiliés. La défense des peuples africains opprimés semble reléguée aux calendes grecques. C'est au nom de ce principe, que l'UA a tout mis en œuvre, pour maintenir au pouvoir hier Mwai Kibaki au Kenya, et Robert Mugabe au Zimbabwe.

Quand la crise postélectorale ivoirienne éclata en décembre 2010, ces messieurs en costume-cravate de l'UA, n'osaient pas dire la vérité à M. Laurent Gbagbo. Personne ne semblait vouloir se mettre à dos le dictateur de la lagune ébriée, au cas où il sortait vainqueur du bras de fer, qui l'opposait à M. Alassane Ouattara. Même après les conclusions de son fameux panel de haut niveau, le 10 mars, l'institution panafricaine est restée muette, devant le refus d'obtempérer des refondateurs, jusqu'à leur chute brutale le 11 avril. L'UA jubilait alors sous cape, à cause de la rupture du cessez-le-feu par les Forces Nouvelles, car la victoire militaire de ces dernières lui enlevait une épine politique du pied. Et tous ces dignitaires, arborant de larges sourires, se sont allègrement déportés à Yamoussoukro, le 21 mai, à l'investiture du président Ouattara. Ils sont surtout arrivés en conquérants, convaincus de ce que leur panel avait réglé la crise ivoirienne, pacifiquement !

Quand Ben Ali faisait face à la révolution tunisienne, les syndicalistes de l'UA ne pouvaient lâcher leur ami et frère, au pouvoir depuis 23 ans. Aussi, se sont-ils abstenus de toute déclaration fâcheuse, susceptible d'irriter Ben Ali, ou de froisser la rue tunisienne. Cet équilibrisme s'est avéré payant, puisque la rue a chassé le président autocrate. Mais la fièvre a contaminé la grande Égypte du dinosaure Hosni Moubarak, au pouvoir depuis 29 ans. L'UA a simplement reconduit sa tactique du laisser-faire, et de la loi d'omerta, jusqu'à la chute du pharaon. Ces silences la réconcilient sans doute avec les peuples révolutionnaires, tout en évitant de fâcher les dictateurs membres du syndicat, au cas où ils parvenaient contre vents et marées, à se maintenir au pouvoir dans leur pays.

Sauf qu'en Libye, la contestation a dépassé toutes les proportions, avec les frappes aériennes de l'OTAN.

Que dit donc l'UA ? Presque rien. Ou plutôt peu de chose, car elle a sa recette magique : elle a mis sur pied un autre panel de haut niveau, conduit par le même président Mohamed Ould Abdelaziz de Mauritanie, pour trouver une issue pacifique à la crise. Jacob Zuma est encore à la manœuvre, aux côtés de Toumani Touré du Mali, de Yoweri Museveni d'Ouganda, et de Denis Sassou Nguesso du Congo-Brazzaville. Pourtant, même un gosse de sept ans serait capable de se rendre compte de la futilité de cet énième panel. En effet, pour rien au monde, l'OTAN n'arrêtera ses bombardements en Libye, tant que Kadhafi n'aura pas été éjecté de son fauteuil, qu'il garde jalousement, depuis près de 42 ans.

Les panels ont juste la valeur cosmétique de camoufler l'incompétence de l'Union Africaine ; ils donnent au monde entier l'illusion de la volonté du continent noir de résoudre ses problèmes. Mais, tenons-nous-le bien pour dit : les panels ne sont que des opérations cosmétiques, et rien de plus. Les Africains ne sont toujours pas capables de se prendre en charge, au moins politiquement et économiquement. La démocratie n'est pas encore une denrée de consommation courante sur le continent. Quand ces messieurs, qui siègent à l'UA, seront tous des démocrates, et quand ils appliqueront la démocratie à l'intérieur de leurs propres frontières, alors ils auront le courage et la légitimité de se prononcer sur les crises qui secouent le continent. Et les panels qu'ils constitueront à ce moment-là, cesseront d'être cosmétiques et comiques.

Mais d'ici là, il faut convenir de l'incompétence caractérisée de l'UA dans la conduite de la destinée du continent, ainsi que les crises ivoirienne, tunisienne, égyptienne, et libyenne l'ont montré ces six premiers mois de l'année 2011. C'est pourquoi, je suggère que l'UA soit dissoute simplement, et remplacée par autre chose, ou à tout le moins, qu'on la réforme en profondeur. Elle doit cesser d'être le syndicat des chefs d'État dictateurs, pour devenir ce qu'elle n'aurait jamais dû cesser d'être : l'organisation panafricaine au service du développement de l'Afrique, et du bien-être de l'homme africain tout court.

Dr Famahan SAMAKÉ
Ph.D.
Royaume-Uni
14 juin 2011

CHAPITRE II : IDENTIFICATION DES CRIMINELS ET DES CRIMES CONTRE L'HUMANITÉ

LAURENT GBAGBO ET LES MYTHES

Au cours de la décennie écoulée, que n'a-t-on pas entendu, de la part des refondateurs ? Toutes sortes d'hérésies ont pu être proférées, tels des mythes, selon lesquels Laurent Koudou Gbagbo serait le plus grand panafricaniste de tous les temps, le plus grand défenseur de la souveraineté nationale, le plus grand lutteur contre l'impérialisme et le néo-colonialisme, le modèle le plus achevé du démocrate par excellence. À entendre ses thuriféraires, le mâle dominant, natif de Mama, serait donc la réincarnation de Prométhée, ce dieu qui est venu nous éclairer, et qui permettra notre développement.

Sauf qu'à l'analyse de sa performance à la tête de l'État ivoirien, le costume de chef de l'État était visiblement trop grand pour l'homme Gbagbo. En termes de développement, il ne nous a rien apporté : pas d'université, pas d'hôpital, pas même un lycée, ni un dispensaire de construit dans tout le pays, en dix ans d'exercice du pouvoir. Pas de route, pas de création d'emplois, sauf les recrutements de mercenaires et de miliciens, pour tuer ses adversaires politiques. Pas d'usine non plus, ou plutôt si : l'usine fictive de Fulton, aux États-Unis, qui nous a coûté 100 milliards de francs CFA, et qui devait transformer le cacao ivoirien en chocolat, si loin de nos frontières ! Toute cette légende, pour pomper nos 100 milliards de francs ! Décidément, Laurent Gbagbo n'a aimé que le pouvoir et le franc CFA ! Rien de plus. Sauf les femmes en plus !

C'est pour cela que toute comparaison de M. Gbagbo à Prométhée est injurieuse et inappropriée. Laurent Gbagbo est plutôt proche de Sisyphe, rusé et trompeur, brigand tueur de voyageurs, qui défia les dieux – Zeus, Hadès et Thanatos - en refusant de mourir, et qui fut condamné à rouler un rocher jusqu'au sommet d'une colline, rocher qui retombait chaque fois avant d'arriver au sommet. Gbagbo est dans une situation similaire : il est condamné à quitter ses fonctions présidentielles, ce qu'il conçoit comme sa mise à mort. Mais ses tentatives pour s'accrocher à son fauteuil sont aussi vaines que le labeur de Sisyphe : il ne pourra jamais se maintenir plus longtemps au sommet.

Il est aussi semblable aux Danaïdes, qui, après avoir épousé leurs cinquante cousins, et les avoir liquidés pendant la nuit de noces, furent condamnées, aux Enfers, à remplir un tonneau sans fond ! M. Gbagbo est désormais contraint de mener ce combat perdu d'avance, celui d'accomplir une tâche impossible d'emblée. Tous ses efforts seront vains, quelque industrie qu'il déploie maintenant, ou à l'avenir.

À écouter les laudateurs de M. Gbagbo, Blé Goudé, Affi N'Guessan, Alcide Djédjé et les autres, l'homme serait pareil à Prométhée, en ce sens qu'il aurait inventé la Côte d'Ivoire de toute pièce, de sorte que sans M. Gbagbo, il ne saurait y avoir de Côte d'Ivoire, d'où la nécessité de déclencher la guerre civile, s'il doit quitter la présidence. Dans la mythologie grecque, Prométhée était le titan qui créa les hommes à partir de l'argile, et qui leur offrit le feu, pour les rendre indépendants et intelligents – le feu étant à la base de la métallurgie, des sciences et du progrès. Pour cette magnanimité, il fut puni par Héphaïstos, qui l'enchaîna dans les montagnes du Caucase, où son foie, mangé chaque jour par un aigle, repoussait tous les soirs, de sorte que sa souffrance était infinie. Laurent Gbagbo est promis à un tel avenir ; il est condamné à souffrir sans fin, une fois qu'il sera éjecté de force de son palais.

À ses côtés, trône Simone, cette Artémis, déesse de la chasse, munie de son carquois rempli de flèches et de son arc. Cette chasseresse, qui ne connaît ni la pitié, ni la compassion, envoie ses piques sur tout ce qui est ne respire pas Laurent Gbagbo. Elle essaime son venin et crache du feu, comme le cyclope Polyphème. Sa furie dévore les enfants de ce pays depuis dix ans déjà, sous prétexte qu'ils ne doivent pas manifester contre son Zeus d'époux ! Ce serait trop bête et trop ingrat de leur part, en effet, de protester contre Laurent Gbagbo, qui a tant fait pour eux, au point de réussir la prouesse de détruire l'école, de détruire toutes les infrastructures dont il a hérité, et qu'il n'a point construites, ce M. Gbagbo qui a été incapable de ramasser, ne serait-ce que les ordures ménagères, qui dévorent Abidjan, et qui a réussi à si bien embrigader les esprits, au point de faire des Ivoiriens des zombies, qui ont du plomb dans le crâne, en lieu et place de la cervelle.

En plus de ce qu'il a réussi la prouesse de ramener l'espérance de vie à 47 ans, contre 56 ans il y a dix ans, sans compter qu'il a réussi également à hisser le taux de paupérisation à 50% de la population, qu'il a vendu tous les concours de la Fonction publique aux plus offrants, qu'il a fait la promotion des médiocres au détriment des plus méritants, qu'il a envoyé la guerre dans ce pays de paix, en s'installant au pouvoir dans le sang, et en parrainant l'impunité totale. Il faudra qu'Ulysse sanctionne la Simone Éhivet, comme il a sanctionné Polyphème !

Plutôt que d'être notre Prométhée national, Laurent Gbagbo n'a jamais été que notre Thanatos et notre Hadès, dieu de la mort et dieu des enfers : il s'assure que ceux d'entre nous, qui ne chantent pas ses louanges, soient tués, et qu'ils soient bien conservés dans les enfers, sans possibilité aucune de revenir dans le monde des vivants. Il est temps, cependant, de se débarrasser de notre dieu de la mort, car les Ivoiriens aspirent à la vie, plutôt qu'à la mort.

Dr Famahan SAMAKÉ
Ph.D.
Royaume-Uni
12 mars 2011.

LAURENT GBAGBO N'A POINT DE JUGEOTE

Au vu des derniers développements de la vie politique ivoirienne, on peut conclure que Laurent Gbagbo n'a point de jugeote, en plus de ce qu'il n'a plus de légitimité, ni de pouvoir effectif. Je me demande aussi, si à cette heure, il se trouve encore des esprits bien-pensants, qui continuent de croire qu'il pourra s'accrocher indéfiniment à son fauteuil présidentiel usurpé.

D'aucuns ont déjà dit qu'il a été le pire président que la Côte d'Ivoire ait connu. Je pense aussi que ce pays n'aura jamais à sa tête un président pire que Laurent Gbagbo, dans le futur, car les Ivoiriens y veilleront. La première preuve de son mauvais jugement, c'est qu'il a estimé que le pronunciamiento dérisoire de Yao Paul N'Dré suffirait à faire taire son challenger et ses militants. Il a pensé, à tort, que le maquillage constitutionnel d'une décision aussi saugrenue qu'infondée, au regard de la loi ivoirienne, aurait cloué le bec à toute la communauté internationale.

Certes, il a prévu les condamnations, qui fuseraient de partout, car, ainsi que l'a révélé Jeune Afrique numéro 2605 du 12 décembre 2010, il n'est ni Moubarak – alors adoubé par les USA – ni Hamid Karzai. Néanmoins il a fait une grossière erreur de jugement, en pensant qu'il ne s'agirait que de condamnations du bout des lèvres, qui allaient s'estomper après quelques semaines, et que la realpolitik exigerait que tout le monde compose avec lui, et vienne négocier des contrats avec son régime.

Troisièmement, il a eu tort de faire croire à ses suiveurs, que les soutiens internationaux de M. Ouattara étaient insignifiants, et que cela confirmait que ce dernier était le candidat de l'étranger, à défaut d'être un candidat étranger. Mais en le disant, il a oublié que la campagne présidentielle était terminée, et que l'élection elle-même était bien terminée. Aussi, ceux d'entre nous qui sont restés lucides devant cette hérésie, ont vite compris la supercherie : M. Gbagbo recherchait ardemment des soutiens internationaux. Alcide Djédjé, depuis Addis-Abeba, hier 09 mars 2011, s'échinait à égrener la longue liste des sept soutiens africains de Laurent Gbagbo, sur un total de 53 pays !

En si bonne compagnie, on le retrouve aux côtés de la Guinée Équatoriale du très démocrate Teodoro Obiang Nguema Mbasogo, qui a renversé son oncle, le président Francisco Macías Nguema en 1979, avant de le faire fusiller publiquement. C'est à lui que revient aujourd'hui la haute dignité de Président en exercice de l'Union Africaine. Dans ce minuscule pays de 28.000 km^2, grand comme le District d'Abidjan, vivent 600.000 habitants, dont 66% vivent sous le seuil de pauvreté, en dépit de son immense manne pétrolière.

On y trouve aussi le très démocrate Yoweri Kaguta Yussef Museveni, au pouvoir depuis 1986, après avoir formé la rébellion de l'Armée de Résistance Nationale, et après avoir chassé le Président Milton

Obote du pouvoir, le 29 janvier 1986. En digne successeur d'Idi Amin Dada, et après 25 ans de pouvoir sans partage, il vient d'être réélu à la tête de l'Ouganda, le 18 février 2011, de façon plus que douteuse, et dès le premier tour !

Inutile d'énumérer ici le guérillero José Eduardo Dos Santos, le patron du MPLA et de l'Angola, ni du très démocrate Yahya Abdul-Azziz Jemus Junkung Jammeh, arrivé au pouvoir après un coup d'État, le 22 juillet 1994, grand guérisseur-féticheur devant l'Éternel, et qui prétend guérir le sida, l'asthme et l'hypertension artérielle, excusez du peu !

Mais le mauvais jugement de Laurent Gbagbo l'a également empêché de prévoir la ténacité de la communauté internationale, qui l'a étouffé à tous points de vue : diplomatie, économie, finances. En conséquence, aujourd'hui, il n'a plus le sou, au point qu'il veut acheter le cacao directement aux paysans – comme s'il en avait les moyens –, pour le revendre au plan international, espérant ainsi se faire de l'argent, pour continuer à payer ses mercenaires et ses miliciens. À défaut, il sait bien que ces derniers peuvent retourner leurs armes contre lui, sans compter l'armée, qui peut le lâcher, dès lors que sa pauvreté sera de notoriété publique.

Pour contourner toutes les sanctions qui pleuvaient sur lui, Séplou n'a rien trouvé de plus génial que de braquer la banque centrale. Comme un effet domino, toutes les banques commerciales ont dû fermer leurs portes, les entreprises privées ont suivi. L'argent n'est plus seulement rare ; il n'existera tout simplement plus du tout dans quelques semaines. Le pays entier est bloqué, car l'usurpateur a sous-estimé la réaction vigoureuse de la victime de son coup d'État, et celle de la communauté internationale, inflexibles devant son refus de se plier au verdict des urnes. Je suis sûr que, si M. Gbagbo avait prévu tout ce qui lui arrive en ce moment, il se serait retiré du pouvoir au soir du 2 décembre, pour garder une image de démocrate.

Mais il s'est trop enfoncé dans la gadoue, il a trop tué pour tenter de s'accrocher au pouvoir par la terreur. Il sait donc que, s'il part après une si vaine résistance, ce sera une humiliation totale. De plus, après avoir commis autant de crimes contre l'humanité, il sait qu'il se débat désormais pour sa survie, car il sera certainement le voisin de Charles Taylor à La Haye. Cette peur, et cette peur seule, le motive encore à redoubler d'effort, pour retarder le plus possible, sa déchéance. Or, ce faisant, chaque jour qui passe, il aggrave davantage son cas, et fait basculer le pays dans la guerre civile. Aussi, faudra-t-il l'éjecter maintenant du fauteuil présidentiel, pour conjurer cette guerre.

Dr Famahan SAMAKÉ
Ph.D.
Royaume-Uni
10 mars 2011

J'ACCUSE ... !

Pour la tragédie ivoirienne, qui se déroule sous nos yeux incrédules, j'accuse un parterre de personnalités ivoiriennes, qui ont totalement démérité de la nation.

D'emblée, j'accuse Laurent Koudou Gbagbo, pour incompétence notoire à gérer les affaires de l'État. Je l'accuse de Haute Trahison, pour s'être nourri du culte de la personnalité, au détriment de la bonne gouvernance. Je l'accuse d'avoir trahi le bon peuple de Côte d'Ivoire, en gouvernant en chef de clan, en s'appuyant sur la corruption à grande échelle, sur les assassinats politiques, les crimes économiques et les crimes contre l'humanité. Je l'accuse d'avoir travesti notre démocratie, en s'accrochant désespérément au pouvoir, après sa défaite électorale du 28 novembre 2010.

J'accuse le professeur Yao N'Dré Paul, fantoche président du Conseil Constitutionnel, et ses assesseurs, Timothée Ahoua N'Guetta, Félix Tano Kouakou, Bruno Walé Ekpo, Jacques André – nommés par Laurent Gbagbo -, Daligou Monoko, Hortense Kouassi Angoran, Joséphine Suzanne Touré – nommés par Mamadou Koulibaly -, pour avoir été incapables de dire le droit, c'est-à-dire, de faire le travail que la nation leur a confié. Je les accuse de nous avoir précipités dans cette guerre actuelle.

J'accuse Simone Éhivet Gbagbo, pour avoir incité son époux à s'accrocher au pouvoir, et pour avoir planifié toutes les opérations suicidaires de la confiscation effective du pouvoir d'État. J'accuse Mamadou Koulibaly, pour avoir manqué de courage, à l'heure cruciale, pour dire que Gbagbo a vraiment perdu les élections, et qu'il gagnerait à se retirer du palais depuis quatre mois.

J'accuse Affi N'Guessan, d'avoir été le bouffon qui a organisé le coup d'État électoral, avec ses sorties intempestives sur les écrans de la RTI, pour préparer les esprits à l'annulation du scrutin au nord et au centre du pays. J'accuse Bro Grébé-la-laideur-morale-et-physique, pour incitation à la haine et à la division. Je l'accuse de faire la promotion de la xénophobie. J'accuse, pour les mêmes motifs, Williams Attéby et Mamadou Ben Soumahoro. J'accuse Damana Pickas et Véhi Topka, pour banditisme d'État, et pour brigandage électoral. Je les accuse aussi d'incitation à la haine et à la division.

J'accuse Brou Amessan Pierre Israël, avec tous ses collaborateurs et sa RTI, pour propagande haineuse et mensongère, après le vote du 28 novembre. J'accuse nommément Awa Ehoura Thabitha Danon, Herman Aboua, Noël Gnagno, Lanciné Fofana, Habiba Dembélé Sahouet, Yoh Claude, Mambo Abé, et tous les autres, dont le nom m'échappe. Je les accuse de Haute Trahison, pour matraquage des esprits, afin de faire accroire que M. Gbagbo avait gagné, et que M. Alassane Ouattara avait perdu l'élection présidentielle. Je les accuse d'avoir fabriqué la vedette de téléréalité, Blé Goudé, et d'avoir fait croire qu'il était investi d'une quelconque légitimité, pour parler au nom des Ivoiriens.

J'accuse les chefs militaires, les généraux Philippe Mangou, Kassaraté Tiapé, Bi Poin, Brindou M'bia, Dogbo Blé, Vagba Faussignaux, et quelques autres, de Haute Trahison et félonie, pour avoir refusé de se soumettre à l'autorité du Président élu au suffrage universel direct. Je les accuse d'avoir soutenu, contre vents et marées, l'ancien président, Laurent Gbagbo, et d'avoir tué des centaines de leurs concitoyens, qui refusaient de les suivre dans leur forfaiture.

J'accuse le professeur Aké N'Gbo Gilbert Marie, Yanon Yapo, Alain Dogou, Émile Guiriéoulou, Alcide Djédjé, Dalo Noël Laurent Désiré, Augustin Kouadio Koumoué, Mme Christine Adjobi, Yapo Atsé Benjamin, Coulibaly Issa Malick, Ahoua Don Mello, N'Goua Abi Blaise, Ahne Jacqueline Lohouès épouse Oble, Angèle Gnonsoa, Koffi Koffi Lazare, Élisabeth Badjo Djécoury épouse Dago, Charles Blé Goudé, Philippe Attey, Akissi Danielle Boni Claverie, Ettien Amoakon, Ouattara Gnonzié, Alphonse Voho Sahi, Kata Kéké, Franck Guéi, Touré Amara, Kouamé Sécré Richard, Kouamé Anne Gnahoré, Nyamien Messou, Katinan Koné Justin, N'Guessan Yao Thomas, Mme Lago Daléba Odette, Georges Armand Alexis, Dogbo Raphael Djêrêkê et Dosso Charles Rodel, pour participation à un gouvernement illégal et illégitime, au mépris du verdict démocratique du 2 décembre 2010. Je les accuse de complicité active à un coup d'État électoral, et de braquages de banques. Je les accuse de banditisme politique et de brigandage d'État. Je les accuse d'atteinte à la sûreté de l'État et de défiance à son autorité. Je les accuse de crimes économiques et de complicité active dans la commission de crimes contre l'humanité.

J'accuse enfin Blé Goudé et toute la galaxie patriotique ; j'accuse le clergé catholique et les pseudo-pasteurs évangéliques, pour avoir menti à la nation, pour avoir été incapables de dire la vraie vérité sur le résultat de l'élection, pour avoir abusé l'opinion et incité à la haine tribale et religieuse. Je les accuse de complicité dans la commission de crimes contre l'humanité. Cependant, comme je ne suis point magistrat, il ne m'appartient guère de les condamner, ni même de les juger. Je laisse cela au soin des magistrats assermentés, d'ici ou d'ailleurs.

Dr Famahan SAMAKÉ
Ph.D.
Royaume-Uni
31 mars 2011

LAURENT GBAGBO ENTRE DÉMOCRATIE ET ''VOYOUCRATIE''

Depuis que Laurent Gbagbo est au pouvoir, le verbiage et la phraséologie ont pris le pas sur l'action politique, et la *''voyoucratie''* a éclipsé la démocratie. S'étant présenté comme un démocrate, il répétait, à l'envi, son opposition à la prise du pouvoir par les armes, tant qu'elles étaient dirigées contre lui et son pouvoir. Cependant, on se souvient tous de sa déclaration, au lendemain du coup d'État du général Guéï, qu'il a qualifié de salutaire, en plus de ce qu'il ferait avancer la démocratie !

CRIMINALITÉ D'ÉTAT

Lorsque le RDR est descendu dans les rues, le 25 octobre 2000, pour exiger la reprise de l'élection présidentielle, M. Gbagbo a fait mater, dans le sang, les partisans d'Alassane Ouattara : 57 corps furent découverts dans le charnier de Yopougon, de jeunes militants du RDR, tués par les gendarmes d'Abobo.

Pourtant, la peine de mort n'existe plus dans l'actuel droit pénal ivoirien, puisqu'elle a été abolie officiellement le 23 juillet 2000. Il faut noter qu'officiellement, elle n'a jamais été appliquée outre mesure, même lorsqu'elle était en vigueur de 1960 à 2000. Cependant, elle n'a jamais été autant appliquée dans notre pays, que depuis que Koudou est arrivé au pouvoir, de manière calamiteuse. Certes, on ne l'appelle pas exactement peine de mort : on la nomme plus subtilement, *"exécution extrajudiciaire, exaction, exécution sommaire, disparition, disparition forcée, retrouver quelqu'un mort, cribler de balles, cadavre, corps sans vie"*, etc. Les bourreaux ont pris le nom d'escadrons de la mort, ou encore de FDS, ou d'hommes en armes, ou en tenue militaire, de miliciens, de mercenaires, etc.

Ainsi, l'on compte parmi les victimes, en plus du charnier de Yopougon, les opposants politiques à Laurent Gbagbo, que furent Émile Téhé – arrêté par des FDS et retrouvé mort, criblé de balles -, Camara Yêrêfê dit <<H>>, - arrêté nuitamment, chez lui, à Yopougon Sideci, et retrouvé mort, criblé de balles, à Adjamé - , le docteur Benoît Dakoury-Tabley, arrêté en son cabinet, en pleine consultation médicale, à Cocody, et retrouvé mort, criblé de balles, vers Anyama -, Jean Hélène, abattu devant la Sûreté Nationale, au Plateau, Guy-André Kieffer, enlevé à Marcory, et porté disparu, en plein jour, le 4 avril 2004, sans compter les innombrables victimes anonymes, exécutées dans des conditions similaires. La FIDH, Amnesty International, ainsi que le Haut-Commissariat aux droits de l'homme de l'ONU, du temps de Vieira de Mello, ont rédigé des rapports détaillés, sur tous ces crimes de sang. Hélas, ils demeurent tous impunis, à ce jour.

VOYOUCRATIE

À tout cela, il faut ajouter les crimes de la FESCI, digne fille du monstre FPI, qui a brûlé vif Abib Dolo, pour avoir eu le malheur de penser autrement qu'elle. Quand les magistrats ont fait grève, pour exiger de meilleures conditions de vie et de travail, ces *"étudiants"* ont fait irruption au Temple de Thémis, au Plateau, pour un tabassage en règle des hommes en toge. Et le parrain, Laurent Gbagbo, est resté circonspect, pas même une condamnation du bout des lèvres, de cette barbarie d'un autre âge. Ces *"étudiants"* attaquent régulièrement le siège du PDCI à Cocody, agressant violemment les militants du RHDP, qui s'y trouvent, sans que personne ne s'en émeuve. Ils tabassent même régulièrement leurs professeurs, dans l'exercice de leurs fonctions, et sur leur lieu de travail, qu'est le campus universitaire de Cocody. Et dites-moi qu'il ne s'agit pas de voyoucratie ! Le pouvoir est dans les mains des voyous, qui font selon leurs humeurs, sans que l'autorité ne puisse faire respecter la loi. De fait, il n'y a plus d'autorité, depuis que M. Gbagbo est au *"contrôle"* : chacun fait selon son bon vouloir, sauf quand il s'agit de reprendre le fauteuil présidentiel à Laurent Gbagbo.

La même FESCI a le pouvoir d'empêcher tout autre leader politique de battre campagne en milieu universitaire, à l'exception du parrain, Laurent Gbagbo. En lieu et place d'un syndicat estudiantin, la FESCI est devenue une milice de plus au service exclusif de Laurent Gbagbo. Et gare à vous, si vous caressez le désir légitime de créer un autre syndicat, dans le milieu estudiantin. On vous fera du Dolo : on vous enfermera dans un sac de jute, on y versera de l'essence, puis on y mettra le feu ! La FESCI s'est aussi spécialisée dans le viol applicable dès lors qu'un membre influent du mouvement s'amourache d'une belle étudiante, qui refuse de se laisser séduire. Elle gère les résidences universitaires, en lieu et place du CROU, mettant les chambres en location, à un taux plus élevé, et en encaissant le loyer. C'est proprement une mafia, qui s'est installée sur le campus, et qui prélève l'impôt sur place, sur les bourses des étudiants méritants, sur les tenancières de restaurants, sur les vendeurs ambulants, même les taxis, qui y mènent des clients ! Et dites-moi s'il ne s'agit pas là de voyoucratie !

Avec l'attitude de la FESCI, l'avenir de la criminalité d'État est assuré, vu la bonne formation dont cette jeunesse a bénéficié, cette jeunesse qui s'irradie aujourd'hui dans le corps social, en entrant en masse à la police, à la gendarmerie, à l'ENA, ainsi qu'à l'ENS et dans les CAFOP. Quand elle aura vacciné les générations futures de son venin, il en sera terminé pour l'avenir de la Côte d'Ivoire. Laurent Gbagbo ne nous a pas perdu qu'une décennie : il nous a bousillé cette génération et la génération prochaine.

VERBIAGE ET DÉMAGOGIE

Je n'apprends rien à personne, en rappelant que la démocratie dérive du grec ***dêmos*** - peuple -, et ***kratos*** - pouvoir -, soit le pouvoir du peuple, car le peuple est souverain, pas le président de la République, encore moins le Conseil Constitutionnel ou la Cour Suprême. Mais à l'évidence, jamais le peuple de Côte d'Ivoire n'a moins exercé son pouvoir que sous M. Gbagbo. Le potentat qu'il est n'a jamais autorisé, ni laissé se dérouler, la moindre marche de protestation de l'opposition. Seule la galaxie patriotique a eu droit au chapitre, depuis plus de dix ans. Elle marche, encadrée par les FDS, leur milice légale. Et surtout gare à l'opposition, si elle tente de sortir dans la rue.

Le 25 octobre, on massacrait 57 jeunes du RDR, pour délit de protestation. Lorsque la candidature d'Alassane Dramane OUATTARA fut encore invalidée, par l'inénarrable Tia Koné, lors des législatives du 4 décembre 2000, la milice dénommée FDS, exclusivement au service de l'homme Gbagbo et de ses suiveurs, a encore tué, en toute légalité, des dizaines d'opposants – 85 précisément - pour nouveau délit de manifestation.

En mars 2004, l'opposition, réunie au sein du G10, voulait marcher, pour soutenir les accords de paix de Linas-Marcoussis. Ses militants n'eurent pas l'occasion d'exprimer leur droit démocratique : ils furent pris à la gorge, dans leurs quartiers respectifs, très tôt le matin. On les bombarda par hélicoptères de combat, des MI-24 ; on les pilonna par chars d'assaut, et on acheva quelques piétons blessés avec des AK47. L'ONU dénombra au moins 120 morts – sans compter les disparitions - quand l'opposition en recensait 500. Motif de ce massacre insensé ? Délit de tentative de manifester, pour soutenir un accord de paix !

En février 2010, les femmes du RHDP manifestèrent pour protester contre la cherté de la vie. Réponse des FDS de Gbagbo ? Tirs à bout portant, pas moins de 6 mères de famille exécutées. Leur délit : dénonciation de l'augmentation abusive des prix des denrées de première nécessité. Le 16 décembre

2010, les militants du RHDP voulaient marcher sur la RTI, afin d'y installer un nouveau directeur général, Brou Aka Pascal, nommé par le président élu, Alassane Ouattara. Les FDS de Mangou les prirent à la gorge, dans leurs quartiers respectifs, avant le lever du soleil. Ils furent fusillés et bombardés de gaz lacrymogène. Bilan : plus de 30 morts. Délit : tentative de manifester contre l'embrigadement de cette télé, dont ils payaient la redevance.

Pourtant, la parole n'a jamais été autant démocratisée en Côte d'Ivoire que ces dix dernières années. Il suffit, pour s'en convaincre, de sillonner les Sorbonne, agoras et parlements où, à longueur de journée, des ignares, n'ayant guère terminé leurs études, pérorent, gueulent et vocifèrent des contre-vérités, pour faire un lavage de cerceau à tous ces désœuvrés, qui croient s'y informer.

Comme les jeunesses hitlériennes, c'est en ces espaces qu'on forge l'âme de cette génération perdue. Ils y apprennent des notions vagues, comme la souveraineté, la dignité, l'indépendance, la sauvegarde des richesses du pays – qu'ils ne verront jamais de leurs yeux -, le combat de Gbagbo, etc. C'est proprement ce qu'on nomme *démagogie*, c'est-à-dire, obtenir ou conserver le pouvoir politique, en flattant les aspirations du peuple à la facilité, ou en exacerbant les préjugés du plus grand nombre, afin d'accroître sa propre popularité.

Laurent Gbagbo est expert en démagogie, en effet, lorsqu'il s'arcboute sur la constitution, quand cela l'arrange, et l'ignore royalement, dès lors qu'elle ne l'arrange plus. Il exprime son aversion pour les coups d'État, mais lorsqu'il perd l'élection, il refuse de céder le fauteuil à son successeur. Il opère plutôt un coup d'État constitutionnel. Bien que la constitution limite le mandat présidentiel à cinq ans, il a squatté le palais pendant une décennie. Et son quinquennat, long d'une décennie – c'est insensé, je sais – terminé, il est congédié du palais, par ses concitoyens, et cela, dans les urnes.

Qu'à cela ne tienne : il se fait nommer président de la République, par le Pr. Yao N'dré, au mépris du suffrage universel direct. Et il affirme que c'est constitutionnel ! À quoi sert-il d'écrire une constitution, si on ne peut l'appliquer, ni la respecter ? Le Royaume-Uni, qui n'a jamais écrit, je ne dis pas une phrase, mais pas un seul mot de constitution, s'en sort pourtant bien ! La reine connaît ses prérogatives et ses limites, le premier ministre et son gouvernement aussi. Et ce royaume, constitué de 4 États différents, fonctionne plutôt bien, sans conflits constitutionnels, ni d'abus de pouvoir, ni de détournements massifs de fonds publics.

LE MYTHE DU PROTECTEUR DE NOS RICHESSES

Pour ce qui est du Laurent Gbagbo, qui refuse de vendre nos immenses richesses à la France, au contraire d'Alassane Dramane OUATTARA, je vous invite à lire cet extrait d'une lettre ouverte à Joseph Kokou Koffigoh, par son compatriote togolais, l'écrivain et blogueur, Gerry Tama : *''Vous semblez prétendre que Gbagbo est un patriote. Il aime sans doute son pays, mais depuis l'accession de la Côte d'Ivoire à l'indépendance, aucun autre président ivoirien n'a autant livré le pays à la prédation des multinationales, surtout d'origine française : l'agence française Euro RSCG (marché de 2 millions d'euros), filiale de Bolloré, pour conduire sa communication lors des dernières présidentielles, Bouygues pour le marché de la construction du troisième pont de la capitale économique ivoirienne au détriment d'un groupe chinois, Bolloré renouvelé pour le marché de gré à gré de la gestion du port à conteneurs d'Abidjan et Vinci pour de grands chantiers à Yamoussoukro dont le palais présidentiel. Quant au Groupe Total, il fait son entrée au pays, en se portant acquéreur, en octobre 2010, d'une participation de 60% dans l'important permis d'exploitation CI-100 (champ offshore de 2 000 kilomètres carrés situé à 100km au sud-est d'Abidjan), avec la bénédiction du gouvernement ivoirien.*

Autre secteur où le patriotisme de Gbagbo n'a pas joué, l'agriculture. En 2010, les exportations de cacao, la filière la plus importante du pays, sont contrôlées à 90% par Cargill, ADP, Saco, Cemoi et Oustpan. Le patriote Laurent Gbagbo a poursuivi l'application de la doctrine libérale de la Banque mondiale, là où son devancier, Houphouet Boigny, était intraitable, gérant la filière à travers une caisse de stabilisation (la Caistab), qui garantissait un revenu minimal aux planteurs. Aujourd'hui, l'État ne contrôle plus le secteur, ni en amont, ni en aval. Les financements des principales opérations se font à travers la Société Générale, la Standard Chartered et la BNP Paribas, les banques locales servant pour le paiement de taxes et de redevances à l'exportation. Pour finir, M. Gbagbo serait patriote, ou nationaliste, que pour défendre sa position, qui semble de plus en plus isolée sur la scène internationale, il aurait plutôt fait appel à des avocats ivoiriens - car la Côte d'Ivoire en regorge -, ou tout au plus, à des avocats africains, pouvant d'ailleurs compter sur votre longue expérience du barreau, et vos talents professionnels, qui ne sont plus à démontrer. Mais qui va-t-il chercher, notre nationaliste ? Des avocats français, venus de cette France, qui ourdirait un complot contre sa personne''. Vous avez dit démagogie ?

Dr Famahan SAMAKE
Ph.D.
Royaume-Uni
9 février 2011

L'ÉTAT CLANDESTIN, INFORMEL ET CRIMINEL

Depuis le 3 décembre 2010, Laurent Gbagbo dirige un État clandestin, informel et criminel, dont les marges de manœuvre se réduisent comme peau de chagrin.

L'ÉTAT CLANDESTIN

Reconnu par aucun État au monde, suspendu ou carrément exclu de toutes les organisations sous-régionales, continentales, intercontinentales et mondiales, l'État de Côte d'Ivoire, que Laurent Gbagbo tente de diriger, cahin-caha, est un État fondamentalement clandestin. Le *"président"* et l'ensemble de ses trente-trois *"ministres"* sont interdits de séjour dans la partie utile du monde, l'Europe et l'Amérique du Nord. Ils ne sont plus représentés par aucun ambassadeur, dans aucun de ces pays. De plus, ils ne peuvent même plus révoquer les ambassadeurs de ces pays en poste à Abidjan, au nom du principe de réciprocité en vigueur. Ils ne sont point reconnus par l'Uemoa, la BCEAO, la CEDEAO, l'UA, l'OIF, les ACP, l'UE, ni par l'ONU. Plus personne ne traite avec eux, pas plus qu'on ne s'émeut de leurs menaces et rodomontades.

À ce stade, l'État palestinien est davantage reconnu au plan mondial, que la Côte d'Ivoire version Gbagbo. Rien ne traduit mieux la clandestinité de l'État sous M. Gbagbo, que sa peur bleue de se rendre à Addis-

Abeba, de peur qu'on ne lui accorde qu'un billet aller simple, avec aucune possibilité de retour !

Mais la clandestinité dans laquelle Laurent Gbagbo vit, s'étend aussi à sa Côte d'Ivoire : il ne peut plus se rendre dans toutes les parties septentrionale, occidentale et centrale du pays, pas plus qu'il ne peut se hasarder à aller jusqu'à ... Abobo ! Ni même à Yamoussoukro, la capitale officielle de l'État, où il n'est plus le bienvenu. Il se raconte aussi qu'il est devenu un sans domicile fixe, ne passant plus la nuit où il est censé loger, de peur qu'un commando spécial ne l'enlève nuitamment. Quelle est donc cette présidence tournante, qui oblige à coucher chaque nuit dans un lit différent du précédent ? Jamais de mémoire d'homo sapiens, un président réélu démocratiquement, n'a été autant persécuté !

L'ÉTAT INFORMEL

Mais la clandestinité flagrante de l'État, sous M. Gbagbo, engendre aussi son caractère informel à tous points de vue : économie informelle, fonctionnement informel de l'État, prises de décisions informelles et improvisées. Plus rien n'est organisé dans ce pays, depuis qu'il n'existe plus de banque centrale, ni de banques commerciales viables. L'économie n'est même plus moribonde ; elle est déjà morte : les deux ports du pays, qui rapportent 80% des revenus douaniers, sont plombés ; les entreprises privées, qui ne peuvent pas fonctionner sans les banques commerciales, ferment à la chaîne ; les employés sont jetés à la rue ; les citoyens et l'État se débrouillent pour survivre. Maintenant, les salaires des fonctionnaires ne sont plus virés ; ceux-ci sont payés désormais *cash in hand* – main à main –, comme des ouvriers agricoles, ayant achevé leur journée de contrat, dans une plantation de cacao !

L'État, complètement délité et dépassé par l'ampleur des conséquences désastreuses de ses décisions improvisées et impulsives – notamment le braquage inintelligent de la BCEAO –, ne sait plus à quel saint se vouer. Il n'a plus que le choix entre disparaître et s'embourber davantage, dans l'usage excessif de la force militaire. Et bonjour les braquages tous azimuts : on braque les banques, on les *"nationalise"* à tour de bras, comme si cela remplirait les coffres-forts de billets de banque. On fait semblant d'oublier que ces banques ne fabriquent pas d'argent sur place, et que leurs stocks ne sont pas inépuisables.

L'ÉTAT CRIMINEL

Les braquages n'étaient cependant que des crimes moindres et superficiels. Désormais, la survie de l'État, version Gbagbo, dépend essentiellement de la répression massive et criminelle de toute opposition au braquage électoral, dont il s'est rendu coupable. Ce faisant, il fait semblant d'ignorer que quelque féroce et quelque longue que soit cette répression, elle ne transformera jamais la défaite électorale de M. Gbagbo en victoire, ni ne transformera la victoire de M. Ouattara en défaite. Elle ne peut que conduire à des excès ignobles, comme le meurtre froid et inhumain des femmes d'Abobo, le jeudi 3 mars dernier. La machine à tuer de M. Gbagbo, qui est déjà en place, et qui est déjà rodée et bien huilée, est à l'œuvre. Elle tourne à présent à plein régime. On peut donc s'attendre à ce qu'elle broie nombre d'opposants, dans les jours qui viennent, mais, M. Gbagbo n'ignore pas que, lorsqu'un pouvoir dictatorial en arrive à massacrer des mères de famille, il est déjà fini.

Dr Famahan SAMAKÉ
Ph.D.
Royaume-Uni
08 mars 2011

CE QUE COÛTE LA VIE HUMAINE EN CÔTE D'IVOIRE

J'étais encore étudiant en fin de cycle, lorsque la FIRPAC de Faizan Bi Séhi a effectué une descente punitive nocturne, à la cité universitaire de Yopougon. C'était en 1991. On a déploré des blessés dont les cas les plus graves faisaient état de fractures, et deux cas de suspicion de viol. C'était l'époque où la LIDHO – ligue ivoirienne des droits de l'homme de René Degny Ségui, puis Martin Bléou – défendait véritablement les droits de l'homme. C'était aussi l'époque où l'opposition, conduite par un certain Laurent Gbagbo, exigeait que le président Houphouët-Boigny sanctionnât l'armée, pour ces violations des droits de l'homme, et notamment le général Guéi, chef d'État-major à l'époque des faits.

Devant le refus du président de sanctionner son armée, M. Gbagbo conduisit la marche violente de protestation du 18 février 1992 –, que les frontistes commémorent aujourd'hui encore en grandes pompes. Il y eut des lancers de gaz lacrymogènes, des bastonnades en règle et des arrestations, puis des condamnations à des peines d'emprisonnement.

On pourrait rendre grâce aux dieux d'avoir permis l'accession au trône du naguère grand défenseur des droits de l'homme devant l'Éternel, Laurent Gbagbo, en octobre 2000, si on en juge par son engagement à dénoncer et à exiger des sanctions contre l'armée dès

1991. Quel est donc l'état des droits de l'homme, depuis dix ans qu'il est au sommet de l'État de Côte d'Ivoire ?

ACCESSION CALAMITEUSE AU POUVOIR

Son accession au pouvoir a été hélas baptisée du sang des 57 jeunes militants du RDR, froidement abattus par la gendarmerie d'Abobo, le 25 octobre 2000, et dont les corps constituèrent le charnier de Yopougon – encore Yopougon, évidemment. Les Nations Unies ont enquêté sur ce crime inhumain, vu que le président Gbagbo rechignait à le faire. Des suspects ont été identifiés et jugés, puis relaxés, purement et simplement. M. Gbagbo ne voulait pas remercier en monnaie de singe ceux qui l'ont installé au pouvoir, au prix d'une attaque du palais présidentiel par blindés interposés.

À ce jour, onze ans après, personne n'a jamais payé pour ce crime contre l'humanité. Les auteurs de ce charnier n'ayant jamais été sanctionnés, ont, semble-t-il, ouvert la voie à toutes les violations massives et gravissimes des droits de l'homme, qui ont jalonné les dix années suivantes. Où est donc passé le Gbagbo, qui marchait le 18 février 1992, pour réclamer des sanctions pour blessures sur étudiants ? Il est au palais présidentiel, pardi !

LA CONSOLIDATION DU POUVOIR

En décembre 2000, et les 4 et 5 précisément, lorsque la candidature à la députation d'Alassane Ouattara fut rejetée, et que ses partisans marchèrent en signe de protestation, M. Gbagbo les fit réprimer sévèrement. On n'en tua pas moins de 85, selon Human Rights Watch ; des femmes furent violées par des policiers et gendarmes à Adjamé, à Cocody, et au sein des écoles de police et de gendarmerie. Au camp d'Agban, on mit du sable dans le sexe de certaines jeunes femmes, puis on y introduisit la matraque, ou un bâton ramassé alentour. Jamais personne ne fut inculpé pour ces crimes odieux, ces violations massives et gravissimes des droits de l'homme. Aucun procès n'a non plus eu lieu depuis dix ans qu'elles ont été commises.

Denise Épaté, qui interrogeait Simone Gbagbo sur ces crimes crapuleux, a été sidérée d'entendre que ces dames étaient les seules responsables des viols et des sévices sexuels subis, car elles n'avaient pas à manifester contre son cher époux, Laurent Gbagbo. On se demande si elle est femme, cette Simone, et si elle a eu des filles. Son langage aurait sans doute varié si, dans les mêmes conditions, le pouvoir PDCI avait suscité, le 18 février 1992, son viol collectif, avant de boucler la boucle en mitraillant Laurent Gbagbo, Michel Gbagbo et quelques autres marcheurs. Où est donc passé le Gbagbo, qui marchait le 18 février 1992, pour réclamer des sanctions, pour blessures sur étudiants ? Il est au palais présidentiel, pardi !

Mais le charnier de Yopougon suscita une telle haine envers la gendarmerie, qu'il entraîna l'exécution sommaire et vengeresse des 80 gendarmes prisonniers de guerre, au bataillon d'artillerie sol-sol de Bouaké, en octobre 2002. Pourtant, tous savent qu'un combattant, qui dépose son arme et se rend, devient de facto un civil, par cette cessation des hostilités. À partir du 19 septembre 2002, les escadrons de la mort, conduits par le capitaine Séka Séka - commandant de nos jours -, aide de camp de Simone Gbagbo, et par Maître Patrice Baï, garde du corps de Laurent Gbagbo, ont froidement assassiné plusieurs personnes à Abidjan : Émile Téhé (abattu le 02 novembre 2002), Dr Benoît Dakoury-Tabley (criblé de balles le 8 novembre 2002), Rady Philippe Mohamed (abattu chez lui le 06 novembre 2002), Camara Yêrêfê dit ''H'' (abattu le 2 février 2003), Robert Guéi, Rose Doudou Guéi, le capitaine Fabien Coulibaly et 16 autres personnes se trouvant chez les Guéi, en ce jour funeste du 19 septembre 2002, furent aussi abattus, le commandant Adama Dosso fut abattu ; le colonel Bakassa Traoré (tabassé à mort le 28 juin 2005) ; Souleymane Coulibaly et Souhalio, jeunes de l'UDPCI, furent abattus le 09 décembre 2002 ; l'imam Samassy Mahmoud fut abattu le 06 janvier 2003 ; et tant d'autres encore ont été alors soit fusillés dans leur propre domicile, soit enlevés, pour être froidement abattus d'une balle dans la tête, ou même charcutés de balles et abandonnés en bordure des routes de la capitale économique.

L'ONU a enquêté sur leur triste parcours isotopique de la mort, puisque M. Gbagbo rechignait à le faire. Mais jamais aucun procès ne s'est tenu depuis huit ans que ces violations massives et gravissimes des droits de l'homme ont été commises. Où est donc passé le Gbagbo, qui marchait le 18 février 1992, pour réclamer des sanctions pour blessures sur étudiants ? Il est au palais présidentiel, pardi !

COMME À LA GUERRE

En mars 2004, les militants du G7 voulaient manifester leur soutien aux accords de paix de Linas-Marcoussis. Simple, n'est-ce pas ? Mais il s'est trouvé que M. Gbagbo jugeât inadmissible, que l'on marchât pour soutenir la paix ! Il fit réprimer, tôt le matin, et dans leurs quartiers respectifs, les manifestants potentiels, en les bombardant par hélicoptères de combats ; en les pilonnant avec des mortiers et des chars d'assaut ; en les perforant à la mitrailleuse lourde, et ce, pendant trois jours consécutifs. Certains *"manifestants"* furent extraits de leur propre logis, pour être abattus. L'ONU comptabilisa au moins 120 morts, là où l'opposition en comptait 500.

Toutes les manifestations de protestation organisées par l'opposition, ont subi le même triste et funeste sort, depuis dix ans que Laurent Gbagbo est au palais. Seules les manifestations de soutien à sa personne ont été autorisées et sécurisées par ses soldats, dans sa drôle de démocratie à rebours. Et dire que ce monsieur a longtemps prospéré dans son escroquerie morale, qui nous a tous fait croire qu'il était démocrate dans l'âme ! À ce jour, six ans après les 24, 25 et 26 mars 2004, pas une seule inculpation, ni le moindre procès, pour juger ces violations massives et gravissimes des droits de l'homme, ces crimes contre l'humanité même. Où est donc passé le Gbagbo, qui marchait le 18 février 1992, pour réclamer des sanctions contre l'armée, pour blessures sur étudiants ? Il est au palais présidentiel, pardi !

Pendant l'Opération Dignité - de triste mémoire - en novembre 2004, les hommes du lieutenant-colonel d'alors, Philippe Mangou, ayant un temps repris le contrôle de Monoko-Zohi, y constituèrent un charnier de 120 corps. Il paraît qu'ils n'avaient pas la qualité humaine, en cela qu'ils étaient Burkinabès, ou allogènes, c'est-à-dire, des Ivoiriens bon teint, qui sont nés au nord ou au centre du pays, et qui ont commis le crime de s'installer en zone forestière, plus au sud. Ils étaient donc condamnables à mort, sans jugement, et leurs bourreaux ne sont point poursuivis, six ans après ce crime contre l'humanité.

Gbagbo ne saurait sanctionner son héros de guerre, celui dont les quatre étoiles de général de corps d'armée, brillent aujourd'hui jusqu'au firmament. Il a même gravi quatre échelons majeurs en six ans, soit une promotion tous les 15 mois ! Où est donc passé le Gbagbo, qui marchait le 18 février 1992, pour réclamer des sanctions contre l'armée, pour blessures sur étudiants ? Il est au palais présidentiel, pardi !

LA DÉCHÉANCE

Depuis le 28 novembre 2010, que Gbagbo tente désespérément de confisquer le pouvoir d'État, ses soldats ont froidement abattu plus de 350 personnes, et blessé au moins 1.200 autres, au seul motif qu'elles s'opposaient à cette forfaiture. Je n'entends cependant aucune organisation de défense des droits de l'homme en Côte d'Ivoire, dont la voix s'élève pour dénoncer ces violations gravissimes et massives des droits de l'homme. Pourtant, les preuves sont ce qui manque le moins : des corps déchiquetés à la mitrailleuse lourde ; des têtes explosées au lance-roquettes RPG7 ; des bras arrachés, à partir de l'épaule, par des tirs d'obus et de mortiers, sur une foule de manifestants, exigeant le respect du verdict des urnes, défavorable au président sortant, Laurent Gbagbo. Personne non plus ne sera jamais puni pour ces violations massives et gravissimes des droits de l'homme, ces crimes contre l'humanité même. Ainsi va la Côte d'Ivoire de Laurent Gbagbo.

Des milliers d'Ivoiriens et d'étrangers ont été sacrifiés sur l'autel de la conquête, de la conservation ou de la confiscation du pouvoir, par Laurent Gbagbo, ces dix dernières années. Mais aucune de ces victimes n'a eu l'honneur de voir ses bourreaux jugés. La seule victime à en avoir bénéficié fut Jean Hélène, journaliste blanc bon teint. Il semble que les Blancs aient encore du prix dans la Côte d'Ivoire de M. Gbagbo, car le meurtrier présumé, dans ce cas précis, le sergent Dago Séry, fut très vite identifié, arrêté, jugé et condamné à 20 ans de réclusion criminelle, pour meurtre !

Pour les milliers de victimes nègres, personne n'a dit la prière de requiem, a fortiori parlé de procès. Où est donc passé le Gbagbo, qui marchait le 18 février 1992, pour réclamer des sanctions contre l'armée, pour blessures sur étudiants ? Il est au palais présidentiel, pardi !

Ici, l'homme ne vaut plus rien ; il est devenu une commodité à vil prix, une pacotille dont on peut se débarrasser sans froisser qui que ce soit. Or lorsque le coût de la vie humaine baisse autant dans une nation, elle ne vaut plus rien non plus !

Dr Famahan SAMAKÉ
Ph.D.
Royaume-Uni
10 mars 2011

CE QUE COÛTE L'HONNEUR DANS LE CAMP LMP

Le sage a dit que rien n'est perdu, si l'honneur est sauf. On peut donc dire, à l'inverse, qu'on a tout perdu, si l'honneur a été perdu, même si en revanche on s'est enrichi de ce bradage. Laurent Gbagbo lui-même confiait que s'il savait qu'il était si facile d'acheter les hommes, il ne gaspillerait pas autant d'argent dans l'achat d'armes de guerre. Il ne croyait pas si bien dire, car, depuis l'éclatement de la crise armée en 2002, il a parfois acheté, très bon marché, tant de personnalités. Mais comme chacun a son prix, certaines d'entre elles lui ont coûté une petite fortune. Faisons donc une rapide revue des troupes.

LES GROS POISSONS

Laurent Gbagbo s'est vendu lui-même, pour 9,5 millions de francs CFA de salaire mensuel, assorti de 75 milliards de francs CFA de budget annuel de souveraineté. Pour cette somme, il a vendu son âme au diable, refusant de reconnaître le verdict du suffrage universel. Désormais, tous ceux qui se dressent sur son chemin, sont systématiquement condamnés à mort, même les femmes aux mains nues, à Abobo, sur qui il a fait tirer avec un char d'assaut le 3 mars 2011.

Paul Yao N'dré a vendu son honneur de juge constitutionnel, pour quelque 7 millions de francs CFA de salaire mensuel, en tant que président d'institution. Ce que lui a rapporté sa *yaondrerie*[2] ? Personne ne le sait, mais c'est sans doute plus que les 300 millions de CFA promis à Yacouba Bamba, porte-parole de la CEI, par Damana Pickass et Étienne Véhi Tokpa. Si cette somme était insuffisante, pour acheter l'honneur de M. Bamba, tout porte à croire qu'elle était suffisante pour acheter l'honneur du plus habile des saltimbanques juridiques d'Afrique.

Lors d'un voyage en Côte d'Ivoire, en avril 2008, j'ai eu l'occasion d'admirer la somptueuse résidence de Philippe Mangou, à Yopougon premier pont. Elle n'a rien à envier à Buckingham Palace, et la sécurité autour de chez lui est bien plus imposante que chez la reine Elisabeth II. Ceci n'a rien de surprenant, car la monarque britannique, ne régnant pas sur une dictature, n'a guère besoin d'une sécurité aussi renforcée que la sienne. Mangou est, en effet, le bras armé de la dictature de la pire espèce, exercée par Laurent Gbagbo, son mentor, qui a fait de lui un général étoilé, doublé d'un milliardaire. Mais il a sacrifié son honneur pour acquérir des biens immobiliers et matériels. Or un officier général sans honneur devrait se pendre. Après le massacre d'Abobo ce 3 mars, tout chef d'État-major, digne de ce nom, se serait démis, ou pendu. Mais ce qui va pour Mangou, va également pour les autres généraux félons, que sont Tiapé Kassaraté, Dogbo Blé, Guiaï Bi Poin, Vagba Faussignaux et Brindou Mbia. Tous ont, en effet, vendu leur honneur d'officiers généraux,

---

[2] Rappelons qu'une *yaondrerie* est une décision juridique inique, et dénuée de tout fondement en droit.

contre espèces sonnantes et trébuchantes, assorties d'étoiles sur leurs épaules, leurs poitrines, leurs manches et leurs casquettes et képis. La félonie, péché suprême pour tout officier, semble rapporter des milliards à nos étoilés. Il ne pouvait en être autrement, car Laurent Gbagbo ne tient encore le palais que grâce à la reconnaissance du ventre de ces félons.

LES PETITS POISSONS

Mais il nage dans la mare de la refondation, aux côtes des gros poissons, un certain nombre de petits poissons, dont le professeur Aké N'gbo, qui ressemble tant à Goukouni Weddèye. C'est fou, ce que certaines têtes bien faites peuvent être dépourvues de charisme ! Combien sont-ils, les Ivoiriens à avoir jamais vu ce *"premier ministre"* fantoche, tenir la moindre conférence de presse ? Ou s'exprimer sur la situation économique et sociale du pays, même dans un cadre informel ? Pas moi, en tout cas ! Ce monsieur, professeur titulaire en économétrie, a prostitué son honneur pour 7 millions de francs CFA de salaire mensuel, assortis d'un titre ronflant de premier ministre d'un gouvernement dirigé par Blé Goudé. Sacrilège !

Ahoua Don Mello, qui avait claqué la porte du FPI, en 1997, pour créer son parti, le défunt parti, Renaissance, est revenu à la maison, à la faveur de l'accession de M. Gbagbo au pouvoir. Combien a-t-il marchandé son honneur à rebours ? Quelques millions de CFA de salaire mensuel, en tant que directeur général du BNETD, puis de 4 millions de CFA de salaire mensuel, en tant que ministre simple. Celui qui était fort, en théorie, et qui prétendait pouvoir bâtir des routes plus efficientes et moins onéreuses en géo-pavés, n'en a point réalisé un seul demi-mètre, pendant les dix ans qu'il en a eu l'occasion. De nos jours, porte-parole du gouvernement Gbagbo, il ne cesse de rassurer les Ivoiriens : le système bancaire n'est pas menacé ; les emplois ne le sont pas non plus, bien sûr ; le port fonctionnera mieux qu'avant la crise postélectorale; le cacao sera mieux exporté ; les stocks de carburant raffiné sont inépuisables, etc. Sauf que, chaque fois qu'il nous rassure, la semaine suivante, tout s'écroule autour de nous. Avec lui, un porte-parole, c'est véritablement un menteur fieffé, et ses assurances ne sont plus que l'annonce de la catastrophe imminente. Je comprends pourquoi ce rôle lui a été dévolu, après que Lohouès Oble eut jeté l'éponge. Sans doute, elle en avait assez de mentir, comme une arracheuse de dents – elle n'est point dentiste en effet, comme son défunt mari – sur les plateaux de LMPTV, tous les jours, à 13 h et à 20 h. Ah, la corvée de mensonges d'État ! Rôle très ingrat, s'il en est !

N'empêche que je reste amer de voir que, Lohouès Oble n'a toujours pas répondu aux préoccupations de Venance Konan, qui lui demandait en décembre dernier, combien M. Gbagbo pouvait bien lui donner, pour qu'elle entrât dans son gouvernement mort-né. La réponse est toute simple, pas plus de 4 millions de francs CFA par mois, en tant que ministre simple. Son honneur ne coûte pas si cher que cela, même si elle en avait assez de mentir autant devant la nation, pour cette portion congrue. Elle a dû la laisser à un pur produit du laboratoire FPI, parce qu'elle n'en avait pas la compétence nécessaire, ni la solidité de l'estomac requise pour le sale boulot. Les Menteurs Professionnels sont tellement forts qu'il faut être doté d'un sacré estomac, pour les émuler, en niant le massacre flagrant des femmes du RHDP à Abobo, par leurs FDS, et en rejeter la responsabilité sur l'ONUCI, le RHDP, la France et les rebelles ! Et cela, quand bien même la vidéo du massacre est disponible sur youtube, et qu'elle a été diffusée sur CNN, Al-Jazeera, France 24 et bien d'autres chaînes de télé, y compris TCI. En plus, elle est désormais disponible sur abidjan.net et bien d'autres sites web.

Voyez-vous, leur honneur ne vaut pas grand-chose. Sans doute, faut-il leur racheter cet honneur à vil prix, sur les cinq prochaines années, pour qu'ils se retirent et nous restituent notre pays. À défaut, il faudra les arrêter, pour félonie et Haute Trahison.

Dr Famahan SAMAKÉ
Ph.D.
Royaume-Uni
5 mars 2011

LE FPI ET LA DÉMOCRATIE

Je viens de lire un texte daté du 21 avril 2011, et signé de Pascal Affi N'guessan, en qualité de président du FPI. Si ce texte, qui a été publié sur le site web koaci.com, émane directement d'Affi N'guessan, il convient d'interroger à nouveau, la nature des relations que le FPI entretient avec la démocratie.

Pour Affi N'guessan, le FPI et LMP seraient préoccupés par la persistance de l'insécurité en Côte d'Ivoire. Pourquoi seulement sont-ils préoccupés maintenant par ce phénomène ? C'est sans doute parce que ces messieurs et dames se trouvent désormais en position de victimes potentielles de l'insécurité. Ils ont pourtant opté, ces dix dernières années, pour l'émergence des miliciens et des mercenaires, dans la vie politique nationale, aux fins de neutraliser toute opposition à leur régime. Même après leur chute, ces derniers continuent de semer la désolation à Yopougon, leur fief. Les refondateurs, qui n'ont pas le courage historique d'assumer la paternité du monstre de l'insécurité, qu'ils ont engendré, veulent se poser maintenant en victimes, et accuser le nouveau pouvoir d'une telle paternité.

Quel est donc le régime qui a distribué des kalachnikovs, des caisses de munitions, des lance-roquettes, des obus, des grenades offensives et des fusils à lunette, à des civils, dans tous les villages de l'ouest, ainsi qu'à des énergumènes, comme Maguy le Tocard et ses miliciens ? Même le chef des Gouros de

Williamsville a été doté d'au moins une dizaine de kalachnikovs, et de deux caisses de munitions, qu'on vient d'exhumer de son lopin de terre. Quel régime a donc offert une orgue de Staline – BM 21 – aux mercenaires libériens et aux miliciens opérant à Toulépleu ? Chaque jour, l'on découvre des caches d'armes dans Abidjan, la plupart du temps, dans des domiciles privés, associés aux barons de l'ancien régime. Tout cet arsenal illégal est-il de nature à sécuriser les populations ? N'est-ce pas le régime inconscient du FPI, qui a distribué tout cet arsenal de guerre, et notamment aux étudiants, dans les cités universitaires, pour espérer se maintenir indument au pouvoir, par la force des armes ? Le FPI et Affi N'guessan sont tout simplement disqualifiés, pour dénoncer l'insécurité, et surtout pour prétendre que, maintenant qu'ils ont perdu le pouvoir, le phénomène naît.

Affi N'guessan écrit aussi que : ''*Dans ce contexte de violence, l'État de droit et les libertés sont étouffés. L'arbitraire règne en maître. Les acquis démocratiques de la longue lutte du FPI sont aujourd'hui menacés. "Notre Voie", le quotidien du FPI ne peut paraître ; les bureaux ont été saccagés, le matériel informatique et technique emporté et l'imprimerie d'un coût de près de cinq cent millions (500 000 000) FCFA incendiée. L'opposition est réduite au silence.*

C'est le règne de la pensée unique, dans l'audiovisuel comme dans la presse écrite, et une ambiance de dictature s'installe progressivement sur le pays. Elle alimente la peur et la méfiance des uns. Elle encourage les actes d'agression et d'humiliation perpétrés par les autres".

Où était donc Affi N'guessan, lorsque les sièges des journaux comme Le Patriote, Nord-Sud et d'autres, étaient saccagés et brûlés, par les FDS, à la solde de son parti ? Que ne s'est-il point offusqué du journalisme partisan, pestilentiel et criminel de la RTI de Brou Amessan Pierre Israël ? Cette télé ne faisait certainement pas la promotion de la pensée unique, dès lors qu'elle véhiculait la seule pensée du FPI ! La pensée est devenue subitement unique, parce que désormais, les médias ne parlent que de réconciliation nationale, sans livrer aucun message de haine et de division, provenant du FPI.

Si Affi N'guessan veut connaître la définition du vocable de la dictature, qu'il regarde dans le rétroviseur : le FPI a pratiqué la dictature la plus sanglante, sur 10 ans, 5 mois et 11 jours. Aucune marche de l'opposition n'a été autorisée dans cette durée ; toute tentative de marche de l'opposition a été systématiquement réprimée, par des tirs de MI-24, de Sukhoïs, de chars d'assaut et de mitrailleuses lourdes. Aucun courant de pensée, autre que celui du FPI, n'était exprimé à la RTI, ni à la radio nationale ; les journaux de l'opposition étaient bâillonnés et saccagés par les FDS, puis sanctionnés par le CNP version Déby Daly Gbalawoulou. Le CNCA fermait les ondes à RFI, à la BBC, à la VOA, à France 24, à TV5, à Al-Jazira et à CNN, pour que seule la RTI désinforme et manipule le peuple, en déversant le venin de la xénophobie et de la haine pour tous ceux qui n'étaient pas refondateurs. Voilà, cher Affi

N'guessan, ce qu'est la dictature. Alors, vous nous rendrez grand service, en la fermant un tant soit peu, car vous n'avez aucune leçon de démocratie à nous donner.

Enfin, tout en dénonçant une tentative de légitimation du nouveau pouvoir, Affi N'guessan se demande *"Comment le Président du Conseil Constitutionnel peut-il justifier et fonder l'investiture de deux Présidents pour la même élection présidentielle ?"*. Ce monsieur a la mémoire vraiment courte ; il est certainement atteint d'amnésie. Tout le monde sait que la Côte d'Ivoire est devenue une république bananière, depuis que les 24 et 25 octobre 2000, le général Guéi Robert et Laurent Gbagbo ont prêté serment chacun, en qualité de *"premier président de la Deuxième République"*, sous le regard auguste de Tia Koné, président de la Cour Suprême. Nous avons eu deux présidents, pour la même élection, dans un intervalle de 24 heures. Il y a déjà un précédent, on peut donc avoir deux présidents dans un intervalle de 5 mois et 11 jours.

Je rappelle simplement au légaliste Affi, que cette république bananière est l'héritage qu'il laisse à S.E.M. Alassane Ouattara. Tout comme le FPI lui a légué un pays retourné à l'âge de pierre ! Ce n'est point le Conseil Constitutionnel qui légitime le président de la République, sinon Laurent Gbagbo serait légitime depuis le 4 décembre 2010. C'est plutôt le peuple souverain seul, qui lui confère cette légitimité, en votant pour lui, au suffrage universel. Ce qui fut fait le 28 novembre.

Alors, Affi, ferme-la !

Dr Famahan SAMAKÉ (Ph.D.)
Royaume-Uni
23 avril 2011

UNE MYTHOLOGIE IVOIRIENNE

Laurent Gbagbo ressemble fort bien à Zeus, le dieu de la foudre, dans la mythologie grecque, et Simone à Héra, son épouse, rancunière et vindicative. On sait dans quelles conditions calamiteuses Zeus a accédé au pouvoir suprême : avec l'aide de ses frères Hadès et Poséidon, il a conspiré contre son père, Cronos, et l'a renversé. Évidemment, il a floué, par la suite, ses deux frères, pour s'installer vigoureusement sur le trône paternel.

Laurent Gbagbo, tel Zeus, aura réussi à humilier le vieux Houphouët-Boigny – Cronos - dès 1989, le traînant dans la boue, en encourageant les jeunes à le traiter de voleur, dans les rues d'Abidjan. En 1999, il salua le coup d'État militaire, comme une avancée pour la démocratie. Enfin, il aura réussi à renverser le général Guéi en 2000, avec l'aide inestimable de la gendarmerie nationale. Mais avant d'en arriver là, il aura floué Alassane Ouattara et Henri Konan Bédié, en agissant sur le général, aux fins d'invalider la candidature à la présidentielle d'octobre 2000, de ces deux poids lourds de la politique ivoirienne contemporaine. Lorsque Guéi tenta de joindre ses forces à celles de ces deux opposants contre Gbagbo en 2002, Zeus le foudroya impitoyablement. On était le 19 septembre 2002.

Comme Zeus, Laurent apprécie bien la compagnie des dames, ce qui n'est pas fait pour plaire à Héra. C'est ainsi que des collaborateurs, parmi les plus proches de Zeus, furent bannis et renvoyés du palais présidentiel, pour avoir joué les entremetteurs : Eugène Allou Wanyou, Moïse Koré, Narcisse Kuyo Téa en savent quelque chose. Pour Héra, tout manquement à la fidélité et à la loyauté, se paie cash, ce que le général Mathias Doué ne saurait nous disputer.

Mais autour de Zeus, il y a son frère Hadès, qui règne sur les enfers ou le monde des morts. Cet Hadès prend différentes formes dans la mythologie ivoirienne : le commandant Séka Séka et maître Patrice Baï, qui ont été reconnus par l'ONU comme étant les chefs des escadrons de la mort, ailes militaire et civile. Hadès, c'est aussi Bertin Kadet, Sama Henry César Damalan, Moïse Koré et tous les marchands d'armes pour le compte de M. Gbagbo. On sait que les dieux, dans la mythologie grecque, se métamorphosaient aisément, d'où ces mutations de faciès de notre Hadès. On sait tous aussi que, depuis que M. Gbagbo s'est assis sur le trône, en octobre 2000, aucune manifestation de protestation n'a plus été autorisée dans ce pays.

Aucune marche, aucun sit-in, ni aucun meeting de l'opposition ne furent autorisés : toutes et tous furent réprimés dans le sang. En mars 2004, les militants de l'opposition voulaient marcher pour soutenir les accords de paix de Linas-Marcoussis. Zeus a sévi et les a foudroyés du feu des hélicoptères de combats MI-24, et de la salve des chars, dans leurs quartiers respectifs, avant même qu'ils ne pussent converger vers le point de départ de la marche ! Désormais, la leçon de démocratie était sue de tous : seuls les meetings et marches de soutien à Zeus étaient autorisés et encadrés pacifiquement par les FDS. Toute autre velléité contraire était passible de la peine de mort, et les contrevenants étaient expédiés dans les enfers, sous l'égide d'Hadès.

Dans la mythologie grecque, Poséidon est le dieu qui gouverne les océans. Il est responsable des tsunamis, des volcans, des tremblements de terre et glissements de terrains. Depuis que Zeus est, dit-on, ''vigoureusement installé'' dans notre fauteuil présidentiel, force inondations et glissements de terrains mortels ont frappé l'Éburnie. C'est dire que Poséidon n'a pas chômé non plus. J'en veux aussi pour preuves ces opposants morts, que l'on retrouva flottant sur la lagune ébriée.

Mais cette mythologie n'aurait aucun sens s'il manquait des prêtres pour dire des prières à ces dieux. Alors apparaissent sur la scène, les Blé Goudé, Bro Grébé, Stéphane Kipré, Brou Amessan et ses collaborateurs, pour venir faire des offrandes à ces dieux vindicatifs et revanchards. Ces prêtres et prêtresses ne ménagent aucun effort dans leurs cultes dédiés à Zeus, le plus grand, le plus fort, le plus intelligent, le plus intègre, le plus souverainiste, mais aussi le plus impitoyable de tous les dieux de l'Olympe. Et dans un tour de passe-passe, ils sortent même de la mythologie grecque, pour se fondre dans la mythologie chrétienne : Zeus devient alors Jésus, ou plutôt le frère jumeau du Fils de l'homme, qui viendra incessamment au secours de son frère très cher, pour tuer ses opposants politiques et le rétablir dans ses droits divins. Ici, viennent de nombreux pasteurs évangéliques, faux prophètes et apôtres de l'ombre, qui lui font de fausses prophéties, sur sa victoire imminente sur le monde entier. Et chaque fois qu'il s'enlise plus profondément dans la crise, ils le rassurent de ce qu'il ne s'agit que d'une peccadille, avant la gloire finale, qui est à portée de main. Sauf que, sous peu, le réveil sera brutal et dévastateur pour cette clique d'illuminés.

Dr Famahan SAMAKÉ
Ph.D.
Royaume-Uni
27 février 2011.

VANITAS VANITATUM, ET OMNIA VANITAS

Laurent Gbagbo est un homme seul. Comme Créon. À la fin d'**Antigone** de Jean Anouilh, ce monarque de Thèbes faisait les frais de son entêtement à se montrer inflexible, dans l'application de sa propre loi. Et Laurent Gbagbo aujourd'hui, comme Créon hier, est un homme bien seul. *Vae soli !* disaient les latins – malheur à l'homme seul !

Comme Créon, Gbagbo refuse de faire marche-arrière, même s'il réalise aujourd'hui, qu'il ne peut plus s'accrocher indéfiniment à un pouvoir, qui lui a échappé inéluctablement, et irrémédiablement. Il a clamé tenir son pouvoir de la constitution, la loi fondamentale. Il a aussi clamé avoir prêté serment solennellement devant le Conseil Constitutionnel, dans une cérémonie qui n'avait rien à envier à celle de l'auto-couronnement de Napoléon Bonaparte. Tout ceci justifierait pourquoi il ne peut plus revenir en arrière, et reconnaître avoir perdu l'élection présidentielle. M. Gbagbo, tu connais bien la formule : *vanitas vanitatum, et omnia vanitas* – vanité des vanités, et tout est vanité.

Et le pouvoir que tu exerces dorénavant, n'est que pure expression de cette vanité : devant la loi internationale, qui t'a dessaisi de la gestion des comptes de l'État ivoirien à la BCEAO, tu n'as pas trouvé mieux que d'user de l'*ultimo ratio regum* – le dernier argument des rois -, à savoir, l'usage des canons pour faire main-basse sur les coffres-forts. Tu as couplé ce braquage avec d'autres braquages, perpétrés sur la BRVM, et même une micro-finance à Adjamé ! Que tu es tombé bien bas, monsieur l'ancien président, reconverti en braqueur de banques, véritable Ali Baba et ses quarante voleurs d'Aké N'Gbo. Et devant la fermeture en cascade des banques commerciales, que tu as paralysées avec ton braquage criminel et insensé de la BCEAO, tu n'as pas trouvé mieux que de les ''nationaliser''. Bien entendu, pour toi et les tiens, nationaliser, ça signifie saisir *manu militari* les locaux et les coffres-forts des banques françaises, et te servir en billets de francs CFA, cette monnaie horrible, qui consacre notre servage, et que tu aimes tant !

Mais Laurent, tu sais bien qu'on peut user de la force, au sommet de l'État, de temps à autres, pour rétablir l'ordre, mais que, surtout, il faut faire sien le *uti, non abuti* – user, non pas abuser. En ignorant cette maxime, dans ton recours à la force brutale à Abobo, tu as dressé sur ton chemin, le symbole de la résistance absolue à ton pouvoir finissant. Tes soldats croient maintenant qu'ils ne peuvent pas gagner la guerre d'Abobo, et leurs ennemis pensent qu'ils ne peuvent plus perdre sur cette ligne de front. Tu as bâti la légende du commandant Fongnon tant et si bien que désormais, tes soldats s'enfuiront devant la moindre brise sur la ligne de front, car Fongnon est invisible et insaisissable ! Après Abobo, les soldats ennemis, sur beaucoup d'autres lignes de front, croiront que tes soldats ne peuvent guère les défaire, car le moral de tes troupes est à plat. Elles décrochent sans cesse, subissent de lourdes pertes dans leurs rangs, et, surtout, elles perdent de nombreuses armes lourdes et des munitions, qui serviront à les tuer, lors des prochaines offensives. Rien de plus démoralisant que cela. Plus personne ne voudra mourir pour te maintenir *"vigoureusement assis dans le fauteuil présidentiel"*, ainsi que l'a dit ta femme fatale d'épouse.

Maintenant, tes ministres font croire que les banques françaises *"nationalisées"* - selon votre définition – ouvriront demain, véritable déictique temporel, qui prend ici tout son sens, puisqu'il est toujours repoussé au lendemain. Mais vous ne pouvez dire la vraie vérité aux Ivoiriens, à savoir que vous ne disposez d'aucune donnée informatique vous permettant de *"nationaliser"* ces banques. En effet, les Blancs les ont désactivées depuis Paris, et vous n'y pouvez rien, pas plus que vous ne trouvez aucune solution à la désactivation similaire opérée par la BCEAO à Dakar. En clair, vous ne connaissez ni l'identité des clients de ces banques, ni leur nombre exact, encore moins l'état réel de leurs comptes bancaires respectifs. Ces obstacles franchis, il vous faudra encore forcer, avec succès, les coffres-forts ...

Votre vanité va jusqu'à faire croire que c'est uniquement les banques françaises, qui posent problème, d'où l'accusation fanfaronne de racisme. Or, tout le monde sait que, sur les 20 banques implantées en Côte d'Ivoire, treize ont déjà fermé leurs portes, y compris des banques totalement ou partiellement ivoiriennes, comme la Banque Atlantique, la Sib, en plus des banques africaines,

Ecobank, UBA, la BIAO, etc. Vous ne les avez pourtant pas *"nationalisées"*, ni accusées de racisme !

Koumoué Augustin, votre ministre fantoche de l'Énergie, à cor et à cri, rassurait les Ivoiriens, sur la bonne marche de la Sir, et l'impossibilité de rupture de stock en bonbonnes de gaz butane, depuis des semaines. Mais depuis ce soir, c'est effectif : la SIR met la clé sous le paillasson, pour une durée indéterminée. Cependant, ce soir encore, votre porte-parole, Ahoua Don Mello, continue de rassurer ses concitoyens. Il paraît que votre stock en carburant raffiné est inépuisable ! Mais vos assurances et réassurances ne rassurent plus personne, justement. Elles ne sont suivies que d'un enlisement plus profond dans la crise. M. Gbagbo, *vade in pace* – va en paix – pendant qu'il en est encore temps.

Jusqu'ici, tu n'es qu'humilié sur les fronts diplomatique, économique, financier, militaire et social, ce qui est très peu de chose ! Mais bientôt, tu te rendras compte que, si *vulnerant omnes, ultima necat* – toutes blessent, la dernière tue. Tes deux ports sont quasiment fermés, plus aucun navire ne transporte les médicaments en direction de la Côte d'Ivoire. Les pharmacies se vident, les stocks seront épuisés d'ici un mois au maximum.

Dans le même temps, il n'y aura plus de carburant pour personne dans ce pays. Ton armée t'aura majoritairement lâché d'ici là. Si tu ne saisis pas cette dernière chance de t'incliner dans la paix, tu t'entendras bientôt dire, *vade retro, Satana* – retire-toi, Satan !

Dr Famahan SAMAKÉ
Ph.D.
Royaume-Uni
24 février 2011

DE LA NÉCESSITÉ DE COORDONNER EFFICACEMENT LE RALLIEMENT DES FDS AUX FRCI

Un des amis d'enfance, muni d'une licence en sciences économiques, et contraint de se contenter d'un poste de sous-officier de police, dans cette Côte d'Ivoire qui marche sur la tête, m'a confié il y a peu, que de nombreux éléments des FDS, qui ne sont point fidèles à Laurent Gbagbo, ne savent ni comment se rallier aux FRCI, ni où se munir d'armes, au cas où il faudrait affronter leurs camarades solidaires de la confiscation du pouvoir d'État par l'ex-président.

Je n'ai réponse ni à la première, ni à la seconde question que cette observation pose. C'est pourquoi, ici, je voudrais m'adresser à des sachant, afin qu'ils puissent fournir les réponses idoines à ces deux interrogations vitales. Alors, messieurs de l'Hôtel du Golf, à qui doivent s'adresser les policiers, gendarmes et militaires, qui veulent se mettre à la disposition des Forces Républicaines de Côte d'Ivoire ? Quel numéro de téléphone doivent-ils composer ? À quelle adresse email doivent-ils écrire ? Où doivent-ils se rendre, pour mettre en pratique leur ralliement ? Il est évident que tous ne peuvent se réfugier à l'Hôtel du Golf !

Une fois ralliés, où pourront-ils se munir d'armes ? Tout le monde sait, en effet, que Laurent Gbagbo a vidé les poudrières officielles de notre armée, et que les armes sont toutes à la disposition des hommes de Dogbo Blé, de Guiaï Bi Poin et de Vagba Faussignaux, mais aussi et illégalement, aux mains de quelques milliers de jeunes miliciens et de mercenaires à la solde de cet avatar de démocrate, Laurent Gbagbo. Cette question d'armement, pour les ralliés, est cruciale, car un soldat sans arme, est un soldat mort. Aussi est-il impérieux de penser à fournir des armes à tous ceux qui se rallient à la République.

Déjà, Laurent Gbagbo est passé à l'offensive, en recrutant en masse des jeunes fanatisés, à l'État-major des armées. Et nul ne doute que ces jeunes seront équipés illico de kalachnikovs et de grenades. Il importe donc de vite coordonner les ralliements et d'armer tous ceux qui, des rangs des FDS, veulent franchir le pas et se joindre aux FRCI, pour sauver la démocratie dans notre pays.

Alors Excellence monsieur le Président Ouattara, donnez des instructions claires à votre Premier Ministre, ministre de la Défense, Guillaume Kigbafori Soro, afin qu'il prenne en urgence toutes les dispositions utiles pour que ces soldats de la République sachent où et comment se rallier à vous. C'est une question de vie ou de mort, pour la démocratie dans votre pays.

Trouvez aussi le moyen de fournir vos forces républicaines en armes, pour assurer efficacement leur mission régalienne de la protection des personnes et de leurs biens.

Dr Famahan SAMAKÉ
Ph.D.
Royaume-Uni
21 mars 2011

Y EN A MARRE, C'EST TROP FACILE POUR EUX !

J'en ai marre de tous ces groupuscules d'Ivoiriens, d'une seule ethnie, qui manifestent contre la France à Paris, pour injurier Nicolas Sarkozy, et soutenir Laurent Gbagbo, leur frère du clan. J'en ai marre de tous ces prétendus intellectuels et/ou panafricanistes africains, qui sont terrés à Dakar, à Douala, à Yaoundé ou à Paris, et qui croient aimer davantage notre pays, que nous autres Ivoiriens. Car c'est trop facile pour eux, d'être si loin et à l'abri des obus que Gbagbo jetait sur les marchés d'Abobo.

C'est trop facile pour eux tous, qui vivent dans des pays où les banques fonctionnent. C'est trop facile pour eux tous, qui vivent dans des pays où l'on ne tire pas des obus sur ceux qui protestent contre le pouvoir en place. C'est trop facile pour eux tous, qui vivent dans des pays où il y a de l'eau courante, de l'électricité et de la nourriture à vendre. C'est trop facile pour eux tous, qui vivent dans des pays où l'on peut encore acheter à manger, et sortir acheter des médicaments.

C'est trop facile pour eux tous, qui vivent dans des pays où les ports fonctionnent, où l'économie tourne à plein régime, où les corps enflés et malodorants ne jonchent pas les rues. C'est trop facile pour eux tous, qui vivent dans des pays, où l'on ne brûle pas les corps pourris, sur les routes, pour diminuer les risques de choléra.

C'est trop facile pour eux tous, qui vivent dans des pays, où personne n'est tenu de rester placardé dans sa maison, pendant 11 jours d'affilée, au risque de se faire tuer dans la rue, par une mitrailleuse lourde ou un éclat d'obus.

C'est trop facile pour eux tous, qui vivent dans des pays où l'administration publique, les services de santé, l'école et les universités, continuent de fonctionner. C'est trop facile pour eux tous, qui vivent dans des pays où les salaires sont encore payés.

C'est trop facile pour eux tous, qui vivent dans des pays, qui ne sont point retournés à l'âge de pierre !

J'en ai marre de les voir vociférer leur haine pour la France, dans leurs coins tranquilles, et pour soutenir Laurent Gbagbo, un pseudo-panafricaniste, et un pseudo-combattant pour la dignité et l'indépendance vraie de l'Afrique.

Je constate que beaucoup d'entre eux appartiennent à la même ethnie, et qu'ils se refusent à rentrer vivre au pays, aux côtés de ceux qui vivent les affres de la crise actuelle.

Je les soupçonne de profiter des générosités de la sécurité sociale française, tout en injuriant le père et la mère de la France ! J'en ai marre de les voir se moquer éperdument de la misère physique, morale et financière des habitants de Côte d'Ivoire, en ces temps si difficiles, misère imputable au seul Laurent Gbagbo.

J'en ai marre de les voir privilégier les intérêts égoïstes de Laurent Gbagbo, par rapport à la survie du peuple de Côte d'Ivoire. J'en ai marre de leur tribalisme primaire et insensé.

Et que dire de cet Alain Toussaint ? Lui qui a renié jusqu'à ses racines bétées - en effaçant son patronyme bété, et en ne conservant que ses deux prénoms français, afin de s'intégrer durablement dans la société française -, et qui n'est certainement pas le mieux placé pour injurier la France !

Qu'attendent-ils donc, tous ces hypocrites, pour rentrer au pays, et le libérer du joug colonial français ? Je suis heureux de voir que, même en injuriant M. Sarkozy, la police française ne lève pas la matraque sur eux.

Qu'ils demandent donc aux femmes d'Abobo, ce que M. Gbagbo leur a réservé le 3 mars dernier, dans des conditions similaires.

Je suis sûr qu'ils comprendraient alors à quel point ils sont inhumains et cyniques. Sauver la Côte d'Ivoire, voilà l'enjeu des derniers événements survenus dans ce pays. Et la mission a été heureusement accomplie. Alors, y en a marre de leurs cris d'orfraie !

Dr Famahan SAMAKÉ, (Ph.D.)
Royaume-Uni,
le 8 avril 2011

LAURENT GBAGBO, UN PIÈTRE HISTORIEN

Il fut un temps, où Laurent Gbagbo parvint à faire accroire aux Éburnéens, qu'il était un historien, et un bon. Il n'avait alors de cesse de citer des exemples empruntés à l'histoire moderne ou contemporaine, pour illustrer ses démarches et prises de position.

À la fin des années 90, il déclarait par exemple ceci : *"Milosevic a le monde entier contre lui. Où croit-il pouvoir aller ?"*. On pouvait alors penser que Laurent Gbagbo était conscient de ce que le monde était un tout, un village planétaire, où il ne fait pas bon faire cavalier seul. Mais on s'est tous trompés sur le compte de cet homme. Il nous a tous trompés, sans vergogne. Mon jugement aujourd'hui est sans appel : Laurent Gbagbo est un piètre historien !

Laurent Gbagbo n'a en effet tiré aucun enseignement des tribulations de Slobodan Milosevic, qu'il critiquait en 99-2000. Il a plutôt choisi de marcher sur les plates-bandes du dictateur serbe. Lorsqu'il s'empare du pouvoir d'État, dans les conditions calamiteuses que tout le monde sait, comme son modèle Milosevic, qui avait surfé sur un nationalisme étriqué, Gbagbo a embrassé la politique de l'ivoirité à pleins bras. Le forum de la réconciliation nationale a été pour lui le lieu indiqué pour en faire l'étalage : *"Tant que je serai président, je ne permettrai jamais à Ouattara d'être candidat ici en Côte d'Ivoire. Et tous ceux qui le suivent ne seront jamais rien... On dit que l'article 35 de la constitution n'est pas dirigé contre Ouattara, mais si ! L'article 35 de la constitution a été écrit pour régler le cas Ouattara''*, clamait alors celui qui avait le vent en poupe, en sa qualité de président de la République universellement reconnu.

Ensuite, comme Milosevic, il s'est encombré d'un Ratko Mladic, en la personne de Dogbo Blé Bruno, à charge pour ce général de mettre sur pied une machine à tuer. À l'image du massacre de Srebrenica, sous la houlette de Radovan Karadzic, Laurent Gbagbo devait donner l'ordre que l'on matât les militants du RDR le 25 octobre 2000, qui réclamaient la reprise de l'élection présidentielle ; le massacre, qui en résulta, donna lieu au charnier de Yopougon.

Dans une logique digne d'Hitler, il s'entoura d'un appareil sécuritaire – en vérité une machine à tuer - à l'image de la Gestapo, comme suit : *''le Général DOGBO Blé commandant de la Garde Républicaine ; le Colonel TOHOURI Dadi Rigobert du Bataillon Blindé ; le Chef d'Escadron ABEHI Jean-Noël du Groupe d'Escadron Blindé d'Agban ; le Commissaire Principal LOBA de la Brigade Anti-émeute ; le chef d'Escadron KOUKOUGNON Louis Ossou, Commandant de l'Escadron de Yopougon ; le Capitaine LOBOGNON, Commandant de l'Escadron de Koumassi ; le Commissaire YORO Claude, Commandant les Unités d'Interventions de la Police ; le Commissaire première classe DJEDJE Gbagro, Commandant la CRS 1 et le Major OURAGA de la Garde Républicaine, qui a la mission macabre d'incendier les résidences déjà pillées et saccagées''*.

Nous devons cette dénonciation au capitaine Allah de la gendarmerie nationale, et porte-parole du ministère de la Défense, et proche collaborateur du premier ministre Guillaume Soro. Autour de ces militaires de carrière, tous du clan ethnique, et dont la loyauté n'est pas discutable, gravitent des civils du même clan, comme Charles Blé Goudé, Bertin Kadet et Moïse Koré, qui ont pour mission de faire de la propagande – un peu comme le Dr Goebbels le faisait pour Adolf Hitler -, ou pour acheter des armes sur tous les marchés noirs.

Et comme Milosevic, Gbagbo s'est enfermé dans une logique guerrière, dès son accession au pouvoir. Il menaçait, dès 2001, tous nos voisins de faire pleuvoir le feu sur leurs têtes, s'ils nous attaquaient, et de les bafouer, s'ils nous bafouaient. Aussi a-t-il jubilé, lorsque son pouvoir a été attaqué le 19 septembre 2002. Mais il avait oublié que son armée n'avait rien de la puissance de celles de Milosevic, ni d'Adolf Hitler. Il a ainsi fait l'amère expérience de la déroute militaire.

Aujourd'hui encore, malgré sa déroute électorale – un autre camouflet humiliant -, il tente désespérément de s'accrocher au pouvoir, au moyen de massacres et tueries abjectes.

En conséquence, il est sermonné par le monde entier, désavoué et condamné pour sa faillite morale, exactement comme Slobodan Milosevic avant lui. Il se retrouve très exactement dans la même position que le serbe Milosevic : il a le monde entier contre lui. Et j'ai envie de lui demander : M. Gbagbo, tu as le monde entier contre toi, où crois-tu pouvoir aller ? Déjà, tu es interdit de séjour en Europe, y compris en Suisse ; tu es également interdit de séjour en Amérique du Nord. Hugo Chavez voudra-t-il de toi ? Comme Milosevic, dont tu ne comprenais pas la logique, jadis, tu t'es enfermé dans le nationalisme étriqué ; tu t'es enfoncé dans les massacres ; tu as commis beaucoup de crimes contre l'humanité, et comme ton modèle, tu seras arrêté et traduit devant les juridictions compétentes de La Haye. Comme Slobodan Milosevic, tu finiras ta triste vie à La Haye, car tu n'as point su tirer les leçons de l'Histoire, malgré ce que tu étais censé savoir de l'histoire d'Adolf Hitler et de Slobodan Milosevic.

Tu es vraiment un piètre historien. Ayant donc échoué à devenir un historien digne de ce nom, Laurent Gbagbo, tu devrais te reconvertir en historiographe !

Dr Famahan SAMAKÉ
Ph.D.
Royaume-Uni
15 mars 2011

LA PETITE RÉPUBLIQUE DE LAURENT GBAGBO

Naguère, les plumitifs des journaux bleus tournaient en dérision la République du Golf, qui serait la plus petite de toutes. Par un retournement de situations, dont l'histoire seule a le secret, Koudou Gbagbo dirige désormais la plus petite république sur terre. Son État, qui n'a même pas de nom, est constitué de quatre petites enclaves : sa résidence et la RTI à Cocody, son palais présidentiel du Plateau et le camp d'Agban à Williamsville. Ce morcellement me rappelle celui des territoires palestiniens actuels, sauf que l'État de Koudou est encore plus petit, et plus morcelé encore que la République du Golf !

Mais, comme Koudou ne connaît pas la honte, et qu'il n'a plus d'armée, il fait appel à des jeunes aux mains nues, pour dresser un bouclier humain autour de son domicile et de son palais. Protection de fortune, s'il en est ! Dire que ce monsieur était assez arrogant, il y a peu, au point de promettre, à maintes reprises, aux médiateurs africains, de lever le siège de l'Hôtel du Golf, seulement pour ne point tenir parole ! S'il avait respecté alors sa parole, cela serait à son crédit, car l'histoire retiendrait que Koudou a non seulement respecté sa parole donnée, mais qu'il a fait preuve d'ouverture en levant le blocus. Mais que nenni !

Koudou est resté égal à lui-même, roublard et sans parole. Il a fallu que les FRCI se massent autour d'Abidjan, après leur chevauchée épique, qui a mis tout le pays à leurs pieds, pour que, subitement et sans explication, les FDS de Koudou lèvent le blocus de l'Hôtel du Golf, sans attendre l'ordre de leur chef ! Ces vaillants assaillants ont simplement retourné leurs chars et se sont fondus dans la nature. Qui est fou ?

Koudou, vraiment, tu ne connais pas la honte ! Je t'avais pourtant prévenu, depuis plus de deux mois. Le 24 février par exemple, j'écrivais encore : *''Jusqu'ici, tu n'es qu'humilié sur les fronts diplomatique, économique, financier, militaire et social, ce qui est très peu de chose ! Mais bientôt tu te rendras compte que, si vulnerant omnes, ultima necat – toutes blessent, la dernière tue. [...] Ton armée t'aura majoritairement lâché d'ici là. Si tu ne saisis pas cette dernière chance de t'incliner dans la paix, tu t'entendras bientôt dire,* vade retro, Satana – *retire-toi, Satan''*.

Même Blé Goudé, ton chien fidèle, t'a lâché, pour prendre la poudre d'escampette ! Nous voilà donc où l'histoire te menait inéluctablement, c'est-à-dire, à la décadence, à la déchéance morale et physique. Tu n'es plus rien, tu n'es même plus diminué ; tu es fini ! Tu es humilié et acculé jusque dans tes derniers retranchements. Tu es coincé comme un rat, justement comme ton idole, Saddam Hussein. Et tu seras capturé bientôt, comme Saddam Hussein, si tu ne meurs dans ton bunker du camp d'Agban, ou dans celui de ta résidence, comme ton compère, Adolf Hitler.

Où est donc ta gloire, dans cette expulsion par la fenêtre ?

Dr Famahan SAMAKÉ (Ph.D.)
Royaume-Uni
4 avril 2011

LE FACE-OFF LAURENT GBAGBO - ALASSANE OUATTARA, OU LA SUPRÉMATIE DU CERVEAU SUR LES MUSCLES

Dans le face-off qui oppose le président sortant au président élu de Côte d'Ivoire, on voit bien les muscles du premier, aux prises avec le cerveau du second. Et l'issue de cette bataille ne fait l'ombre d'aucun doute : le cerveau l'emportera toujours sur les muscles.

Ainsi que je le disais, dans mon article précédent, Laurent Gbagbo est obnubilé par l'idée obsessionnelle de demeurer le *"woody"*, c'est-à-dire, le mâle dominant, le plus fort de la basse-cour, le roi de la jungle. C'est sans doute là aussi son talon d'Achille, puisque les muscles ne réfléchissent pas. Ils exécutent les basses besognes à eux assignées par le cerveau.

A contrario, Alassane Dramane OUATTARA, n'ayant pas d'armée - le muscle du pouvoir par excellence - à sa disposition, fait usage de son cerveau, c'est-à-dire, sa capacité de réflexion, exercice cérébral dont est incapable son adversaire.

Et comme le cerveau réagit toujours plus vite que les muscles, c'est Alassane Dramane OUATTARA, qui mène le bal, tandis que Laurent Gbagbo s'échine à réagir après coup. C'est dire que le premier a toujours une longueur d'avance sur le second. Quand M. Gbagbo a confisqué le pouvoir d'État, avec l'allégeance des épaules galonnées et étoilées de l'armée ivoirienne, Alassane Dramane OUATTARA a unifié la quasi-totalité de la communauté internationale derrière lui, et contre Laurent. Il a dégommé les ambassadeurs pro-Gbagbo, zélés, en poste à Paris, Bruxelles, Londres, New York, Washington et Ottawa, sans que les muscles de M. Gbagbo ne puissent mettre fin à cette hémorragie. Les menaces et rodomontades du camp LMP ne parvinrent ni à évincer les ambassadeurs de ces puissances en poste à Abidjan, ni à suspendre les révocations d'ambassadeurs ivoiriens à l'étranger.

Le cerveau a ensuite ouvert un autre front, celui de la guerre économique. On se souvient de ce qu'il avait déjà souligné, lors du débat télévisé du 25 novembre entre les deux candidats, que son adversaire n'y comprenait rien à l'économie. Cette assertion devait se démontrer de façon criante, lorsque le 23 décembre, à Bissau, les ministres de l'Économie et des Finances de l'UEMOA ont dessaisi M. Gbagbo de la gestion des comptes de l'État de Côte d'Ivoire, logés à la BCEAO.

Pour contourner cette mesure, qu'il n'avait point envisagée, le boulanger d'Abidjan usa de menaces et de contrainte, pour soustraire illégalement quelque 80 milliards des caisses de l'agence nationale de cette banque ouest-africaine, en vue de payer les salaires des fonctionnaires. Et il était si heureux de débusquer ce trésor de guerre, qu'il se précipita pour payer les soldes de janvier, dès le 20 du mois ! Du jamais vu en Côte d'Ivoire !

Mais le 22 janvier à Bamako, il devait déchanter amèrement, puisque son adversaire ayant réfléchi, a trouvé que le gouverneur Dakoury-Tabley était le maillon faible de la chaîne de l'étranglement financier imposé au régime illégitime de M. Gbagbo. Il y a trouvé solution en déboulonnant ce maillon, et en le faisant remplacer par le gouverneur intérimaire actuel.

Immédiatement, M. Gbagbo se trouva dans l'incapacité de payer les pensions de retraite. Il banda encore ses muscles, et ne trouva rien de plus élégant, ni de plus intelligent, que la réquisition des locaux, des biens et du personnel des agences BCEAO de Côte d'Ivoire, avec des soldats en armes ! Il n'avait pas alors compris que cela ne suffirait point, car la BCEAO, depuis Dakar, désactiva le système informatique permettant les compensations bancaires.

Comme un effet domino, les banques commerciales refusèrent les chèques, ainsi que les séances de compensation interbancaire manuelle forcées, et non sécurisées, à elles imposées par le gouvernement fantoche d'Aké N'Gbo. Qu'à cela ne tienne. Laurent Gbagbo alla toujours plus loin, en réquisitionnant manu militari la bourse régionale des valeurs mobilières d'Abidjan. Et ses gendarmes furent surpris d'apprendre que cette structure de spéculation financière ne disposait pas de milliards de francs dans ses coffres !

Aujourd'hui, on en est au point où ces banques commerciales ferment leurs portes, les unes après les autres. Ce fut d'abord la BICICI, puis Citibank et Access Bank. C'est maintenant le cas pour la SGBCI et la Standard Chartered Bank. Nul doute que Ecobank, la BIAO et la SIB suivront, car elles n'ont guère le choix : la BCEAO de Dakar a déjà prévenu qu'elle sanctionnerait durement toute banque qui coopérerait avec le gouvernement Gbagbo, en effectuant des séances de compensation, ou tout autre commerce avec la BCEAO réquisitionnée, et/ou le gouvernement pestiféré, qui la met en joue.

Alassane Dramane OUATTARA, tout cloîtré qu'il est, avec son gouvernement, au Golf Hôtel, a donc su faire usage de son cerveau. Il a réfléchi aux voies et moyens d'asphyxier, diplomatiquement et économiquement, son adversaire, qui n'a de réponse à ses malheurs que l'utilisation de ses muscles, de la force militaire brutale, et des armes à feu. On voit bien où l'usage de cette force mène le pays : la banqueroute totale.

La suspension de l'exportation du cacao, décrétée par Alassane Dramane OUATTARA, s'est faite sur un bout de papier, et sous la forme d'un communiqué. Le monde entier l'a suivi, malgré les assurances du camp Gbagbo, et la menace télévisée, de retirer leur licence d'exportateur à ceux qui suivraient la consigne du boycott.

En conséquence, les deux ports du pays sont presque bloqués, puisque l'UE a décrété un blocus de fait, qui interdit à ses navires de jeter l'ancre en Côte d'Ivoire. Les sociétés exerçant sur la plate-forme portuaire ferment à la chaîne, ou dégraissent leurs personnels. Les hôtels mettent la clé sous paillasson, ou mettent le personnel au chômage technique. L'aéroport est sinistré, puisque les activités d'Aeria ont déjà baissé de 45%, et que Simplice Zinsou – qui soutenait le candidat Gbagbo – a ordonné à ses fournisseurs une baisse de 30% de leurs prestations. Le pays est sinistré, et les muscles ne savent plus comment juguler une crise d'une telle ampleur.

Avec la fermeture des banques, en cascade, les muscles de la République, les soldats, ne savent plus s'ils seront payés fin février, ni comment ils le seraient. Le cerveau mène toujours le bal et les muscles ne savent plus à quel saint se vouer ! Décidément, le fruit est pourri, et s'il ne tombe de lui-même, il faut secouer l'arbre, pour qu'il tombe maintenant.

Dr Famahan SAMAKÉ
Ph.D.
Royaume-Uni
17 février 2011

SURTOUT AUCUNE AMNISTIE POUR LAURENT GBAGBO

Il fut un temps, où je partageais l'idée généreuse d'accorder une amnistie à Laurent Gbagbo, ainsi qu'à ses proches, s'il se retirait pacifiquement du pouvoir. Assurément, cette offre n'est plus d'actualité, après les deux crimes contre l'humanité, qu'il vient de commettre à Abobo les 3 et 17 mars 2011.

Le 3 mars dernier, sa machine à tuer, sous l'impulsion de Dogbo Blé Bruno et de Guiaï Bi Poin, a effroyablement écrabouillé sept femmes et un enfant de 12 ans, qui exerçaient leur droit constitutionnel de manifester pacifiquement.

Mais, comme la faillite morale de Laurent Gbagbo est totale, au point qu'il s'est complètement déshumanisé, le monstre qu'il est devenu, a instruit sa machine à désinformer, aux fins de matraquer les esprits avec la fable d'un montage. Et depuis, Fraternité Matin, Notre Voie, Le Temps, LMPTV et autres journaux bleus, tentent de faire accroire que personne n'est décédé le 3 mars à Abobo, et que les mortes étaient ressuscitées, miraculeusement, après quelques secondes de mise en scène ! Le monstre hideux et immonde a le culot de nier sa forfaiture, de nier l'évidence même du crime !

Ce 17 mars encore, il a fait pleuvoir une pluie d'obus sur le petit marché d'Abobo et les domiciles environnants. Ces engins de guerre ouverte, dans une agglomération comme Abobo, ont tué entre 25 et 30 civils innocents, notamment des femmes et des enfants. Qu'elles sont atroces, ces images de corps sans vie, déchiquetés, perforés et concassés de manière ignoble ! Et ces visages troués ; et ce sang si rouge qui les couvre ; et ces yeux fermés à jamais ; et ces linceuls de fortune, qui tentent de couvrir leurs orifices béants !

Dieu, que l'auteur d'une telle tragédie se rêve toujours un destin présidentiel en Côte d'Ivoire ? Laurent Gbagbo n'est plus en faillite morale ; il a perdu la raison, pour de bon. Il a perdu ce qui fait l'être humain, sa conscience et sa compassion. C'est proprement un monstre hideux, qui doit être arrêté ici et maintenant, et qui, surtout, ne doit certainement bénéficier d'aucune amnistie.

On ne peut jamais passer par pertes et profits toutes ces tueries immondes, ces crimes contre l'humanité, car l'âme des victimes en voudrait à la République scélérate, qui se rendrait coupable d'une telle forfaiture !

Dr Famahan SAMAKÉ
Ph.D.
Royaume-Uni
17 mars 2011

ALEA JACTA EST

Emboitons le pas aux latins, pour dire à Laurent Gbagbo et à ses suiveurs, que cette fois, *alea jacta est*. Cette fois, en effet, le sort en est jeté, et leur pouvoir usurpé, tire irrémédiablement à sa fin. Je suis de ceux qui, excédés d'entendre le décompte macabre des âmes violemment arrachées à la vie, et de celles mutilées, ont élevé la voix pour tancer le Président Alassane Ouattara, aux fins de le sortir de sa torpeur. Depuis moins de 48 heures, cet appel semble être entendu, car les fronts se sont réveillés brutalement.

L'adage dit qu'il n'y a que le premier pas qui coûte, c'est-à-dire, que le plus difficile en toute chose, c'est de commencer. Une fois le premier pas de l'attaque de Duékoué franchi, voici que Guiglo, Daloa, Issia, Bondoukou, Tanda, Agnibilékrou, Abengourou, Zuénoula et Gohitafla, sont déjà tombées, ou en train de tomber aux mains des FRCI. Les déflagrations sont si tonitruantes que même les oreilles dures des refondateurs semblent les entendre. On les voit se morfondre dans les sillons tracés par leurs plumitifs de Notre Voie, du Courrier d'Abidjan, du Temps, etc. Ils parlent désormais d'offensive généralisée et de violation du cessez-le-feu, qu'ils contrastent avec le règlement ''*pacifique de la crise*'', prôné par Laurent Koudou Gbagbo. Depuis quand Koudou a-t-il été un chantre du dialogue ?

Déjà on est surpris par le silence de carpe du volubile porte-parole des FDS, le colonel-major Hilaire Gohourou Babri. Subitement, ce dernier ne condamne plus ''*la perfidie*'' et ''*la traitrise*'' des combattants ennemis, qui attaquent sournoisement ses hommes. Même l'éloquent Philippe Mangou semble avoir donné sa langue au chat, tout en démissionnant de ses fonctions de journaliste freelance et collaborateur extérieur de LMPTV. C'est vrai qu'il n'y a pas matière à conjecture, vu que ses hommes abandonnent le treillis militaire, pour se fondre dans l'anonymat d'une vie civile, seul gage de leur sûreté. Et ça détale tous azimuts des fronts, sans tirer le moindre coup de feu ! Plus qu'une reculade, c'est une vraie débandade ! Où sont donc passés les hommes de Mangou, si ardents défenseurs des institutions de la République, et les hommes qui les incarnent, à commencer par Laurent Koudou Gbagbo ?

Philippe Mangou a sans doute encore dans sa botte secrète, quelques pas de danse élégants, qu'il viendra esquisser aux côtés de Blé Goudé, bientôt. À moins qu'il ne retrouve le chemin de la ligne de front d'ici là !

Dr Famahan SAMAKÉ (Ph.D.)
Royaume-Uni
29 mars 2011

AUX ABOIS !

C'est fait, le régime Gbagbo est désormais, et officiellement, aux abois ! Et les signes qui le montrent, se multiplient de jour en jour. Les chants du cygne se font plus mélodieux et plus rapprochés.

Depuis le 25 février, la SIR a cessé ses activités, pour une durée indéterminée, et ce, en dépit des nombreuses dénégations du *"ministre"* des Mines et de l'Énergie du gouvernement Gbagbo, Augustin Koumoué Kouadio. Il n'est aucun mensonge d'État, qui puisse cacher le désarroi d'une telle situation, pas même l'assurance farfelue d'Ahoua Don Mello, qui prétend que les stocks en carburant raffiné sont inépuisables. Les stocks en gaz butane seraient tout aussi inépuisables, ce qui est une grande vérité d'État, en dépit d'interminables files indiennes de clients, qui attendent d'être servis devant les points de vente.

Les banques commerciales ont fermé à la queue-leu-leu. On nous a servi un autre mensonge d'État, pour justifier cette situation inédite et gravissime : c'est la France, qui nous asphyxiait financièrement. Heureusement que la France a le dos large, et qu'on peut lui attribuer aisément tous nos malheurs, et sans avoir besoin d'en fournir la moindre preuve ! La populace a été suffisamment abrutie, ces dix dernières années, dans les *"agoras, les parlements et Sorbonne"*, ainsi qu'à travers la radio et LMPTV, pour avaler toutes les couleuvres.

On a claironné aussi la réouverture de la BICICI, depuis une semaine, au moins. Aux dernières nouvelles, elle ouvrira seulement, et dans un premier temps, pour les clients dont le compte est domicilié à la seule agence principale du Plateau ! On a célébré en grandes pompes les vaillantes forces de défense et de sécurité – FDS – au stade Champroux fin janvier. Mangou a même esquissé alors des pas de danse, avant de faire le serment de mourir au combat, lui et toute sa soldatesque, pour sauver le soldat Laurent, et non la République de Côte d'Ivoire, qui s'est choisie un nouveau Président, depuis le 28 novembre 2010, M. Alassane Ouattara. Mais cette épopée du Champroux n'a conduit qu'à demander aux jeunes civils de s'organiser en comités d'auto-défense, pour protéger leurs quartiers respectifs. Pendant ce temps, on recrute et on arme de jeunes miliciens à tout-va. Vous avez dit vaillance ?

Ce samedi 26 février, le Dr Boga Sako, le plus grand défenseur des droits de l'homme de toute l'Afrique, celui-là même qui porte plainte contre des chefs d'État africains en exercice, et pour éviter que des violations des droits humains ne soient commises par eux, dans *un futur proche*, si jamais ils délogeaient M. Gbagbo du pouvoir, par la force légitime, est apparu sur les écrans de LMPTV à 20 h. Toujours bien mis, la barbe toujours taillée en rond, mais cette fois *le visage défait, et les rides approfondies*, il psalmodiait une espèce d'appel à la retenue. Il a poussé la magnanimité jusqu'à inclure dans son appel à la retenue, les ''Ivoiriens du nord et du centre'' –, exclus du scrutin du 28 novembre, par Yao N'dré, sous ses applaudissements. Mais je suis resté sur ma faim, car il n'a pas annoncé avoir enfin porté plainte contre ceux qui ont *déjà grossièrement violé* les droits humains des victimes de Koumassi. Je sais que ces victimes déchiquetées au RPG-7 n'ont pas échappé à sa perspicacité d'aigle. Comme lui, j'ai vu des corps inertes, avec un bras arraché au niveau de l'épaule, le bras gisant à six mètres du reste du corps ; certaines têtes ont aussi été explosées d'un tir d'obus. Pourtant, je reste persuadé que, le grand défenseur des droits humains qu'est Boga Sako, portera très bientôt plainte contre le commando invisible d'Abobo, qui, dans sa légitime défense, décime tant les FDS. Il ne saurait en être autrement, puisque ces FDS meurent en tentant de maintenir au pouvoir le frère du clan, Laurent Gbagbo.

Mais le plus enrichissant, dans ce concert de chants sinistres, est le silence si bruyant de certains intellectuels refondateurs. Me viennent à l'idée les professeurs Mamadou Koulibaly et Séry Bailly, qui n'ont plus prononcé le moindre mot en public, depuis que M. Gbagbo a opéré son hold-up électoral. Sans doute, leur intellect n'arrive pas à digérer l'énorme morceau de la forfaiture électorale exécutée de main de maître par leur homologue et camarade frontiste, Paul Yao N'dré.

Dans un autre registre, tout le monde a remarqué le silence radio du général étoilé, Philippe Mangou. Il fut un temps, entre décembre et janvier, où il s'était pourtant mué en collaborateur extérieur de LMPTV, tant il s'exprimait dans chaque journal de 20 h. Cependant, depuis que ses soldats meurent en masse à Abobo – dénommée Bagdag City -, à Bin-Houyé, à Zouhan-Hounien, à Yamoussoukro et à Daoukro, ce volubile chef d'État-major est devenu muet, comme une carpe. Surtout, ce concepteur de la désastreuse Opération Dignité se garde bien de visiter le champ de bataille d'Abobo ! Vous avez dit vaillance ?

Dr Famahan SAMAKÉ
Ph.D.
Royaume-Uni
27 février 2011

BORIBANA, OU LA FIN DES RECULADES

Pour Laurent Gbagbo et le FPI, c'est *boribana*, ou la fin des reculades. Depuis 2005, ils courent, ils reculent, pour ne pas organiser les élections générales, et risquer de déguerpir du palais présidentiel. Ils ont été forcés de les organiser, pour finir, en octobre et novembre 2010. Comme ils s'y attendaient, ils les ont perdues dans les urnes, et proprement.

Mais ils veulent encore courir et reculer : ils justifient alors leur défaite cuisante par une fraude massive – qui n'a existé que dans leur subconscient - au nord et au centre. En conséquence, ils prennent prétexte de ce que les forces nouvelles n'avaient pas été désarmées au préalable, pour se cramponner encore aux rênes du pouvoir. Mal leur en pris : toute la communauté internationale leur demande unanimement de déguerpir, car pour une fois, *boribana*.

L'Union Africaine vient d'enfoncer le clou, en fixant une date limite pour leur déguerpissement, le 25 mars 2011. Nous sommes à 6 jours de cette échéance fatidique pour eux, et, la mort dans l'âme, M. Gbagbo *''prend acte des décisions de l'UA''*, mais ne s'y plie guère. Il préfère ouvrir un nouveau champ de dialogue, ou un dialogue direct bis. Apparemment ''l'historien'' aime bien lorsque l'histoire se répète.

Le précédent dialogue direct lui a fait gagner 3 ans de présidence, alors il espère, béatement, mais sans conviction, que le second pourrait lui payer une rallonge de 5 ans !

Sauf que, cette fois-ci, vraiment *boribana*. Même son collègue en tout, Jacob Zuma, - il a 4 épouses officielles, soit le double du nombre de femmes de Gbagbo -, l'a lâché. Et lui a demandé de céder enfin le palais à Alassane Ouattara, président élu. Mais M. Gbagbo prépare activement la guerre ! Il a perdu toute sérénité, après avoir vu son rival poser avec une kyrielle d'officiers des Fanci, ralliés à lui, sous la bannière des FRCI.

De plus, son armée des épaules galonnées et étoilées, s'est montrée incapable de venir à bout d'Abobo-la-rebelle, excellant plutôt dans les exactions et crimes gratuits contre l'humanité. M. Gbagbo a compris que cette armée des généraux félons ne le mènera nulle part : elle a déjà perdu la guerre d'Abobo, comme elle a perdu l'Opération Dignité !

Pour pallier cette carence militaire, M. Gbagbo prépare toutefois une nouvelle force armée, d'où l'appel désespéré de Blé Goudé, en direction des jeunes fanatisés par ses discours de haine et de leurre. Au moins, pour une fois, il leur aura dit la vérité : que seuls ceux qui veulent mourir, se fassent enrôler, mais pas lui Blé Goudé ! Il leur en fait juste l'offre ; ceux qui veulent mourir sont invités à se faire inscrire sur la liste des candidats au suicide, pour une cause perdue d'avance. Car *boribana*. C'est la vraie fin des reculades. Blé Goudé a poussé l'honnêteté jusqu'à ne point leur promettre le moindre salaire. À quoi bon ? Puisqu'ils mourront tous, de toute façon, avant de percevoir leur première solde !

Dr Famahan SAMAKÉ
Ph.D.
Royaume-Uni
19 mars 2011

LA LOI DU PLUS FORT

"Le plus fort n'est jamais assez fort pour rester toujours le maître, s'il ne transforme sa force en droit", écrivait Jean-Jacques Rousseau dans son **Contrat Social** en 1762. Cela décrit parfaitement la situation humiliante de Laurent Gbagbo aujourd'hui. Depuis plus de dix ans, il s'est complu dans son statut d'homme fort de Côte d'Ivoire. Il en a même abusé, en tuant systématiquement tous ceux qui, au nom de l'opposition, voulaient manifester contre son régime.

Il a ainsi réussi à installer une telle psychose au sein de la population, que personne ne rêvait plus de protester dans les rues, contre son pouvoir. Mais cela semble avoir joué contre M. Gbagbo, puisqu'il a fini par croire qu'il demeurerait toujours le plus fort en Côte d'Ivoire. C'est ainsi qu'il a choisi de rejeter le verdict des urnes, qui le donnait battu à l'élection présidentielle du 28 novembre 2010, pour se faire investir président, sur la seule base d'une décision de justice.

Mais maquiller un coup d'État électoral, il l'a habillé d'un arrêt du Conseil Constitutionnel, ignorant que cela ne confère aucune légitimité à un coup de force. Aussi, le monde entier ne s'est-il pas laissé duper par sa supercherie : l'ONU, l'UE, l'OIF, l'UA, les ACP, la CEDEAO et l'UEMOA ont toutes reconnu et avalisé la victoire de M. Ouattara.

Nonobstant ce désaveu cinglant de la communauté internationale, Laurent Gbagbo s'est enfermé dans la voie sans issue de la force brutale, en estimant faussement que, lorsque la répression serait trop féroce, et qu'elle aurait suffisamment duré dans le temps, son peuple finirait par se soumettre à lui, et que le monde entier n'aurait d'autre choix que de prendre acte de ce fait accompli. Mal lui en prit.

La barbarie a fini par le délégitimer totalement. Sa faillite morale s'est étalée dans toute sa laideur ; le monde entier a été horrifié par la barbarie de ses milices. Maintenant que le Président Ouattara a du répondant militaire, et qu'il frappe les forces de M. Gbagbo, sur tous les fronts, personne en Afrique, ni ailleurs dans le monde, n'élève la moindre voix, pour appeler au cessez-le-feu.

Ce silence semble dire : *"Enfin, les Ivoiriens ont décidé de prendre leur destin en mains, et de se libérer du joug de Laurent Gbagbo"*. Et voilà que celui qui fut l'homme fort de Côte d'Ivoire, demande un cessez-le-feu immédiat, assorti d'une réouverture du dialogue.

Pour discuter de quoi, au juste ? Voilà plus de 4 mois, que l'on discute sans la moindre avancée, pis, M. Gbagbo refuse toujours de reconnaître sa défaite électorale. Il ne semble disposé à discuter que de son maintien au palais présidentiel, au mépris de tout idéal démocratique, quitte à offrir la portion ingrate d'une vice-présidence anticonstitutionnelle au Président élu. Ce contexte surréaliste du dialogue, qu'il appelle de tous ses vœux, montre bien que la voie du dialogue est vraiment épuisée, et que seule la force reste à explorer pour faire plier irrémédiablement Koudou. Cela est en train d'être fait, et il ne se trouve nulle âme au monde pour lui venir au secours.

Décidément, le plus fort n'est jamais assez fort pour rester toujours le plus fort, si sa force ne s'appuie sur le droit. Car la force ne fait pas droit, écrivait aussi Jean-Jacques Rousseau.

Dr Famahan SAMAKÉ,
(Ph.D.),
Royaume-Uni,
30 mars 2011.

L'HISTORIOGRAPHIE DE LAURENT GBAGBO

À la différence de l'historien, l'historiographe est un écrivain chargé d'écrire l'histoire officielle d'un peuple, ou d'un souverain. Et parce qu'il est employé par ce souverain ou ce peuple, il a tendance à réécrire l'histoire, dans une perspective avantageuse et flatteuse. Il faut bien plaire à son maître, au risque de perdre son contrat.

Laurent Gbagbo, je l'ai déjà écrit, s'est montré piètre historien, en jouant dans la même division que les Slobodan Milosevic, Radovan Karadzic, Charles Taylor, Idi Amin Dada et autres. Il voudrait, en revanche, que nous fussions cléments avec lui, en devenant ses historiographes, afin de peindre son régime et son règne dans une perspective avantageuse, celle d'un grand souverainiste, d'un panafricaniste, d'un combattant contre l'impérialisme, le néo-colonialisme, ou du défenseur de l'Afrique digne, etc. Je vais relever ici ce défi, mais à l'image du mauvais historien qu'il est, je serai son mauvais historiographe.

L'historiographie très officielle de Laurent Gbagbo commence avec la légalisation du multipartisme, le 30 avril 1990. Il dirige alors ouvertement le Front Populaire Ivoirien – FPI – et s'allie, tour à tour, avec les Bernard Zadi Zaourou, Moriféré Bamba et Francis Wodié, dans ce qui était la Gauche Démocratique, puis avec le RDR, dans le Front Républicain, et enfin avec la junte militaire de Robert Guéï. Très vite, il trahit cependant ses camarades de la Gauche Démocratique, en se présentant aux élections d'octobre 1990, contre Houphouët-Boigny. Critiqué, il fait mettre une cagoule à Bernard Zadi Zaourou, dans son journal, La Voie, comme pour nier son appartenance historique à ce que fut la Gauche Démocratique.

En 1995, il fait alliance, cette fois, avec le Rassemblement Des Républicains – RDR – dans ce qui devint le Front Républicain. Il fait alors semblant d'être solidaire des tribulations d'Alassane Ouattara. Il incite à un boycott actif de l'élection présidentielle d'octobre 1995, officiellement pour marquer son indignation contre le code électoral taillé sur mesure, et qui barrait la route de la candidature à son allié. La Côte d'Ivoire connaît alors ses premiers réfugiés internes, des baoulés fuyant les forêts pour s'entasser au Cafop de Gagnoa. Les plus chanceux y vécurent plus de 6 mois, dans des conditions inhumaines, quand les moins chanceux furent tués, dans l'anonymat des forêts de Soubré, d'Issia et de Gagnoa.

À la faveur du coup d'État du général Guéï, le 24 décembre 1999, Laurent Gbagbo revint du Gabon au galop, et salua ce coup de force, qui ferait avancer la démocratie, et exigea les morceaux les plus viandés du gouvernement – pour parler comme feu Ahmadou Kourouma. Il obtint ainsi, entre autres, la Fonction publique, l'Éducation nationale, le Budget, la RTI et une place de Conseiller présidentiel à la Défense. Plus tard, il manœuvra pour obtenir le renvoi du RDR du gouvernement de transition, afin de mieux contrôler le général Guéï. Dès lors, Il gère l'Économie et les Finances, puis manœuvre encore pour faire invalider toutes les candidatures issues du PDCI et du RDR à l'élection présidentielle d'octobre 2000. Il signe ensuite un pacte avec le général, selon lequel il accepterait d'être le Premier Ministre de ce dernier, qu'il laisserait gagner. Le général, séduit par cette perspective de devenir Président démocratiquement élu, se laisse avoir.

Alors qu'il avait prêté serment le 24 octobre 2000, en qualité de *"premier Président de la Deuxième République"* devant Tia Koné, il est contraint de fuir le palais présidentiel le lendemain, au profit de son allié, qui n'était pas à un reniement près. Laurent Gbagbo prête serment lui aussi, toujours en qualité de *"premier Président de cette même Deuxième République"* le 25 octobre 2000, devant le même Tia Koné !

Le même jour, les militants du RDR manifestent, pour réclamer la reprise des élections, où leur leader serait autorisé à concourir. Laurent Gbagbo donne l'ordre de les mater : le charnier de Yopougon est alors constitué de 57 corps, découverts le 26 octobre 2000. L'ONU, qui a enquêté sur le massacre, désigne nommément les coupables. Ils sont jugés légèrement, blanchis et libérés, pour non-lieu.

Les 4 et 5 décembre 2000, il mate aussi les militants du RDR, qui avaient le toupet de manifester, encore une fois, contre l'exclusion de leur champion, de la liste des candidats à la députation. La boucherie émeut l'ONU, qui dépêche à Abidjan une mission d'enquête. Elle établira le bilan à 85 morts, mais comme pour le charnier de Yopougon, il n'y eut personne pour payer pour ces crimes contre l'humanité. Aucun procès n'a eu lieu à ce sujet, à ce jour.

Dans le même temps, Laurent Gbagbo, auréolé de sa victoire calamiteuse, exige et obtient des syndicats, de lui accorder une trêve sociale de deux ans, lui qui a appris aux Ivoiriens à marcher pour protester ! Pendant ce temps, il organise un forum de la réconciliation nationale, en 2001, non pas pour réconcilier les Ivoiriens, mais pour les diviser officiellement, et irrémédiablement. Il proclame à la tribune de ce forum, que l'article 35 de la Constitution du pays a été écrit expressément, pour empêcher M. Ouattara d'être candidat à une élection en Côte d'Ivoire. Et il jure qu'il en sera ainsi, tant qu'il conserverait le moindre souffle de vie.

Ayant donc constaté l'échec de la réconciliation nationale, certains sous-officiers et hommes du rang de notre armée, attaquent le régime de Laurent Gbagbo le 19 septembre 2002. Plus de 80 gendarmes sont tués dès la nuit de l'assaut. Laurent Gbagbo réplique en assassinant le général Guéï, son épouse, ses gardes du corps, ses visiteurs et parents, présents chez lui, à cette date fatidique du 19 septembre 2002. Plus tard, il met en place des escadrons de la mort, commandés par maître Patrice Bahi et le capitaine de gendarmerie, Anselme Séka Séka. Ces escadrons profitent du couvre-feu interminable pour cueillir leurs victimes à domicile, et les liquider dans les rues désertes, sans être vus, ni inquiétés par des yeux profanes. Une bonne centaine de citoyens et non citoyens sont ainsi tués, par ces chasseurs de prime. Ils ne mettent cependant fin à leur macabre mission que lorsque l'ONU, ayant établi leur identité, menace nommément Simone Éhivet Gbagbo et Laurent Gbagbo de procès devant la Cour Pénale Internationale.

Le 24 mars 2004, au vu des atermoiements de M. Gbagbo, dans la mise en œuvre des accords de paix de Marcoussis, l'opposition, réunie au sein du G7, tente de marcher pour soutenir lesdits accords. Mais Laurent Gbagbo pense qu'il est inadmissible que l'on puisse marcher pour soutenir un accord de paix. Il ordonne à son armée, de tester l'efficacité de ses MI-24, Sukhoïs et chars T-55, sur les marcheurs. Ces derniers sont bombardés des airs et pilonnés au sol, les 24, 25 et 26 mars 2004. L'opposition dénombre 500 morts et 1500 blessés. L'ONU vient enquêter à nouveau et dénombre au moins 120 morts. Aucun procès n'eut lieu, inutile donc de rêver de condamnations.

Mais, ayant perdu la guerre des caporaux, Laurent Gbagbo et ses officiers supérieurs vantards se lancent dans une Opération Dignité mal ficelée, le 4 novembre 2004. L'échec est total et les bavures sont légions. Toute l'aviation de l'armée de l'air est détruite, après le massacre de 9 soldats français à Bouaké, le 7 novembre. Néanmoins, les 4 jours de combats ont permis aux soldats de Philippe Mangou, de faire deux charniers de 120 et 80 corps respectivement, notamment à Monoko-Zohi.

Laurent Gbagbo est alors presque éjecté du palais présidentiel. Il ne doit son salut qu'à la mobilisation des jeunes patriotes fanatisés, et nourris de mensonges et de haine pour l'Autre, le Blanc, le nordiste, l'homme du centre, l'Africain non-Ivoirien. Il signe alors les accords de paix d'Accra I, II et III, puis ceux de Pretoria I, II et III, qu'il ne respecte point.

Il bénéficie aussi de deux résolutions onusiennes, qui le maintiennent au palais, faute d'élection.

En 2006, il prend les devants pour éviter la destitution, en initiant les pourparlers d'Ouagadougou. L'Accord Politique de Ouagadougou est signé en mars 2007 et consacre le limogeage de Charles Konan Banny, au profit de Guillaume Kigbafori Soro. Mais l'APO subit le même sort que ses prédécesseurs : on eut droit aux accords complémentaires I, II, III et IV.

En février 2010, des femmes manifestent contre la cherté de la vie en Côte d'Ivoire. Laurent Gbagbo, qui est devenu si riche, et qui est si bien servi par Simone et Nady Bamba, ne comprend pas que des concitoyens, dans leur bon sens, puissent dire que la vie est chère dans cette Côte d'Ivoire si riche, et dont toute la richesse se trouve à sa disposition.

Il instruit donc Mangou Philippe – qui avait déjà accumulé 3 étoiles, pour services rendus à sa boucherie humaine – de leur tirer dessus. Le général de division s'exécute et massacre 6 d'entre elles. Il est promu 6 mois plus tard général de Corps d'Armée,

4 étoiles, au même titre que David Petraeus, le brillant et vaillant Commandant des forces américaines, qui a pacifié l'Irak, et qui est en ce moment en Afghanistan.

Cahin-caha, la Côte d'Ivoire se rend aux urnes les 31 octobre et 28 novembre 2010, car Laurent Gbagbo ne pouvait plus continuer à la gouverner, sans élection. Logiquement, il est battu au second tour par Alassane Ouattara. Il jure alors que ce dernier n'accèdera au pouvoir qu'en passant sur son corps.

Depuis, il massacre tous ceux qui sont censés militer au RHPD : les femmes, les enfants, les hommes, sont mutilés, brûlés, concassés, brisés, déchiquetés, troués et massacrés au lance-roquette RPG-7, avec des chars d'assaut, des grenades défensives, des obus ou des mitrailleuses lourdes, à Abobo, à Adjamé, à Attécoubé, à Cocody, à Yopougon, à Koumassi, à Treichville, à Daoukro. Cependant, si son ''armée'' excelle dans les massacres de civils, elle se montre incapable de maintenir la dragée haute à Toulépleu, à Doké, à Bin-Houyé, à Zouan-Hounien, à Bloléquin, où elle prend des raclées devant les Forces Républicaines de Côte d'Ivoire – FRCI – fidèles au président élu.

Pourtant, Laurent Gbagbo réside toujours au palais, après avoir perdu l'élection depuis 114 jours, mais son ''pouvoir'' s'est rétréci comme peau de chagrin. Il ne peut plus sortir du pays ; il ne dort plus ; il paraît même qu'il assume une présidence tournante, en couchant chaque nuit dans un nouvel endroit. Il est stressé ; il n'a plus le sou ; il est lâché par les vrais combattants au sein de son armée. Il ne compte plus que sur des généraux félons, pour renverser la tendance un tant soit peu. Il compte aussi sur l'hypothétique assurance que des pasteurs intéressés et courtisans lui ont donnée, à savoir, qu'il réussira contre vents et marées à demeurer président d'une nation, qui l'a clairement vomi et ce, contre le gré du peuple, et malgré sa condamnation et son bannissement unanimes, par toute la communauté internationale.

Il croit toujours qu'il est le frère jumeau de Jésus-Christ, et que ce dernier viendra le sauver des poings de Goliath, pour oindre son pouvoir messianique. Mais, s'il continue sur cette lancée, il ne verra jamais le Fils de l'homme, le jour du Jugement Dernier.

Dr Famahan SAMAKÉ
Ph.D.
Royaume-Uni
22 mars 2011

PLAIDOYER POUR UNE RÉSOLUTION ARMÉE DE LA CRISE IVOIRIENNE

Assurément, personne n'aime inciter à la guerre. Pourtant, cette situation de *"paix"* que connaît la Côte d'Ivoire, depuis plus de trois mois, n'est plus tenable. Il faut bien que quelqu'un se salisse enfin les mains, et nettoie les écuries d'Augias, qu'est devenu notre pays, d'où ce plaidoyer pour une résolution armée et définitive de la crise postélectorale. Plusieurs bonnes raisons militent en faveur de cette solution extrême : les atermoiements de la CEDEAO, la valse de l'UA, les crimes contre l'humanité, commis par les FDS pro-Gbagbo et les miliciens, ainsi que ceux commis par les mercenaires et les jeunes patriotes, à la solde du président déchu.

LES ATERMOIEMENTS DE LA CEDEAO

Vers fin décembre, la CEDEAO avait dit vouloir transmettre *"a demand"* à M. Gbagbo, c'est-à-dire, une exigence, à savoir qu'il devait quitter le pouvoir, sans condition, faute de quoi, il en serait soulagé par *"la force légitime"*. Mais elle a choisi des hérauts sans charisme, comme Yayi Boni et Pedro Pires, qui, au lieu de porter simplement ce message direct et ferme au destinataire, se sont arrogé le droit de s'auto-investir en médiateurs. Naturellement, leurs deux missions se sont soldées par un échec cuisant.

Maintenant le Nigeria, qui est le plus dévoué de tous les pays membres de la CEDEAO, exige l'aval express du Conseil de Sécurité de l'ONU, avant toute intervention de l'Ecomog. Or, nous savons tous que jamais la Russie, forte des contrats de dupe sur le pétrole ivoirien, quelques jours avant les élections d'octobre dernier, ne laissera passer aucune résolution onusienne dans ce sens. La Russie pourra, en effet, exploiter notre or noir sur les 100 prochaines années, en payant une avance de quelques centaines de milliards à M. Gbagbo, sur les trois prochaines années ! Remarquez que ni M. Gbagbo, ni ses enfants, ne seront encore de ce monde dans 100 ans, pour rendre des comptes aux Ivoiriens.

LA VALSE DE L'UNION AFRICAINE

L'UA a d'abord vite reconnu la victoire d'Alassane Ouattara, et demandé à M. Gbagbo de lui céder le pouvoir, depuis début décembre 2010. Un mois après, des sons discordants fusaient de l'Afrique du Sud, de la Namibie, de l'Angola et de l'Ouganda. L'UA mit alors sur pied un panel de 5 présidents, pour arrêter une solution contraignante pour les deux parties, dans un délai surréaliste d'un mois ! Ce délai est épuisé depuis trois jours. L'UA vient de lui octroyer un autre délai d'un mois supplémentaire, soit deux mois en tout. En prime, elle précise, de nos jours, que le panel fera des propositions de sortie de crise. C'est proprement à une valse mal exécutée que nous assistons, surtout que l'UA reste muette sur le bannissement unilatéral de Blaise Compaoré par le camp Gbagbo. Que vaut ce panel, sans la présence du membre le mieux informé de la crise ivoirienne, et sans doute le plus courageux, et le moins influençable d'entre eux tous ? Pas grand-chose, en vérité. La solution ne viendra pas et ne peut venir de l'UA. Son panel est un mort-né et il convient de l'enterrer dès maintenant.

IL FAUT METTRE UN TERME AUX CRIMES CONTRE L'HUMANITÉ

Cependant, les jeunes patriotes de M. Gbagbo, à l'appel de Charles Blé Goudé, érigent des barrages anarchiques à Yopougon, armés de kalachnikovs, illégalement, sans que la police, ni la gendarmerie, ne les désarment et les arrêtent pour possession illégale d'armes de guerre. Ils fouillent les véhicules et leurs occupants, les rackettent, les molestent, en tuent quelques-uns, et en brûlent vifs quelques autres, de façon diurne, sans que notre police n'ouvre la moindre enquête. Car Zeus les protège depuis le palais présidentiel.

Les FDS, qui sont devenues une milice au service exclusif de M. Gbagbo, continuent d'exécuter les manifestants RHDP aux mains nues, comme ces 8 femmes, bousillées ce jour-même à Abobo. Qu'elle est atroce, l'image de cette mère de famille, en tricot noir, dont la tête a été écrabouillée et arrachée par une salve de char d'assaut ! Son corps, ou plutôt ce qu'il en reste, gît dans une mare de sang ! Si c'est cela la paix, qui règne en Côte d'Ivoire, je préfère de loin la guerre ouverte : au moins là, deux forces armées belligérantes se font face. C'est franchement préférable à cette illusion de paix, où ceux qui sont armés par le contribuable ivoirien, retournent leurs armes de guerre contre les civils et les massacrent, au nom d'un soutien aveugle à la personne de Laurent Gbagbo. C'est aussi préférable à cette situation, où des miliciens sont armés illégalement pour arroser d'essence des Nigérians, des Burkinabès ou des Ivoiriens, avant d'y mettre le feu ! Il paraît que c'est cela le patriotisme, façon Gbagbo !

Cette situation n'est guère plus tenable ; elle est même invivable, même pour moi qui suis à 5.000 kilomètres du lieu des crimes ! Je n'ose pas envisager le martyre de ceux qui sont condamnés à continuer à vivre ainsi. Aussi est-il impérieux, que le président Ouattara et son premier ministre, Guillaume Soro, y mettent fin, ici et maintenant. Dès aujourd'hui même, et non demain, ou dans un mois, mais ici et maintenant, ils doivent soulager les Ivoiriens, en dégageant M. Gbagbo par la force militaire. Tant pis si une force armée leur fait face. Qu'ils fassent donc la guerre, à armes égales, et que le meilleur gagne !

Dr Famahan SAMAKÉ
Ph.D.
Royaume-Uni
3 mars 2011

MON DERNIER APPEL AUX GÉNÉRAUX FÉLONS

Le 4 mars 2011, je lançais un appel solennel à nos généraux félons, afin qu'ils acceptassent la rétrogradation, et qu'ils démissionnassent, pour félonie et Haute Trahison. Cet appel était contenu dans mon article intitulé **Pour l'Honneur**. Mais je suis amer de constater que, non seulement ils n'ont pas démissionné, ils ont accentué leur félonie, par la commission d'un crime immonde contre l'humanité, à Abobo, le 17 mars dernier. Ce jour-là, ils ont lancé des obus, à l'aveuglette, dans un marché, et tué, de manière indiscriminée, au moins 40 de leurs concitoyens, et en blessant au moins 60 autres, si on s'en tient au dernier bilan de cette boucherie barbare.

C'est le lieu de signaler que ces généraux ont acquis leurs étoiles filantes, non pas pour hauts faits de guerre, mais uniquement grâce aux massacres de leurs concitoyens aux mains nues, dans le seul but d'étouffer toute opposition à leur bienfaiteur, Laurent Koudou Gbagbo. Il semble que leurs crimes contre l'humanité, soient motivés par un pacte satanique, qu'ils auraient signé avec ce dernier, dans une église obscure de Cocody, peu avant les élections d'octobre et de novembre 2010. Ils auraient alors fait des serments, et juré, sur la Bible, de rester fidèles à Laurent Gbagbo, vaille que vaille. Je ne m'attarderai pas ici sur le caractère antidémocratique d'une telle pratique, si seulement elle a du crédit ; je marque simplement mon indignation, devant cet occultisme moyenâgeux, qui n'a aucune place dans notre jeune démocratie. Mais cela donne du sens au fameux *''si je tombe, vous tombez aussi''*, que Laurent Gbagbo a lancé aux mêmes généraux, le 7 août 2010, juste après avoir augmenté le nombre d'étoiles sur leurs épaules, leur poitrine, leurs casquettes et bérets !

Comme **Jeune Afrique** numéro 2605 du 12 au 18 décembre l'a révélé, dans la soirée du jeudi 2 décembre 2010, Laurent Gbagbo confiait : *''Je sais que Soro et ses rebelles préparent une offensive pour prendre Yamoussoukro et descendre sur San Pedro. Ils comptent sur des divisions au sein des Forces de défense et de sécurité. Mais je n'ai aucune crainte. L'armée et moi, nous avons scellé un pacte. Pour le reste, qu'ils prennent le Nord, on peut vivre sans !''*.

Cette confidence de l'ancien président montre bien la confiance qu'il place dans son pacte satanique et antirépublicain avec les généraux de l'armée, mais le plus grave, c'est qu'il se moque éperdument de ses obligations constitutionnelles, à savoir, préserver l'intégrité du territoire national.

En effet, Laurent Gbagbo était déjà disposé à perdre le nord du pays, quitte à accepter une sécession, si c'était le prix à payer, pour garder la présidence d'une demie Côte d'Ivoire ! Alors, mes généraux étoilés, quelles institutions et quelle république servez-vous ? Pourtant, les exemples à suivre sont ce qui manque le moins. Regardez du côté de la petite Tunisie, de la grande Égypte, ou du Yémen, où aujourd'hui même, 21 mars 2011, les généraux ont commencé à faire défection, pour prendre le parti du peuple. Dans ces pays, les présidents étaient en plein mandat, ils n'ont point été battus au suffrage universel, dans les urnes.

Cependant, leur armée a pu les lâcher, car il n'est rien de plus souverain que le peuple. Que ne suivez-vous leur exemple ? Ah, tiens, j'oubliais ! Ces généraux sont mieux formés que vous, plus compétents que vous, et en prime, ils ont l'honneur des officiers, que vous n'avez point.

La crainte de Laurent Gbagbo, devant un lâchage en règle d'une partie de l'armée, était aussi évidente dans sa confession. Mais cette crainte ultime, qu'il écartait du revers de la main, au nom de son pacte satanique, est bien réelle à présent. Mangou ne peut plus prétendre que les officiers, qui rejoignent le président Alassane Ouattara, sont des retraités, qui sont libres de militer dans le parti de leur choix. Il n'y a qu'à ouvrir les yeux, sur la photo de famille, où on voit le président-élu, poser avec des dizaines d'officiers d'active de notre armée.

Point de démenti, cette fois, sur les prétendues défections au sein des FANCI, ni de faux témoignages sur l'unité affichée des FDS, autour de leur chef suprême, Laurent Gbagbo.

Le péril est désormais évident, et on essaie de pallier les défections dans l'armée, par une opération de vastes recrutements dans les rangs des jeunes patriotes désœuvrés et fanatisés. Mais ces candidats au suicide ne suffiront guère, pour garantir le maintien de M. Gbagbo au palais. J'ai envie de demander à nos généraux félons ceci : c'est vrai que vous nous avez montré assez éloquemment que vous n'avez point d'honneur ; que vous nous avez montré votre félonie sous tous les angles, mais ne connaissez-vous point la honte ?

Si vous connaissiez au moins la honte, ce pays aurait avancé. Si j'étais vous, j'aurais eu honte de ce que mon mentor, Laurent Gbagbo, en soit réduit à recruter de la chair à canon, pour faire mon boulot, à ma place. Ce serait suffisant pour que je me sente inutile, et que je démissionne. Mais je ne suis pas vous. J'ai une dignité à préserver, vous, point !

Dr Famahan SAMAKÉ
Ph.D.
Royaume-Uni
21 mars 2011

PLAIDOYER POUR L'ARRESTATION DE LAURENT GBAGBO

Maintenant que le monde entier est unanime à reconnaître qu'Alassane Ouattara est le Président élu de Côte d'Ivoire, et que Laurent Gbagbo doit dégager du palais de la République - qu'il squatte depuis plus de 100 jours -, je voudrais faire ce plaidoyer, pour son arrestation pour crimes économiques, crimes de sang – meurtres et assassinats - et crimes contre l'humanité, ainsi que pour félonie et Haute Trahison.

FÉLONIE ET HAUTRE TRAHISON

Laurent Gbagbo doit être accusé de félonie et Haute Trahison pour s'être opposé au verdict du peuple de Côte d'Ivoire, qui a élu au suffrage universel direct, M. Ouattara à la tête de l'État de Côte d'Ivoire, le 28 novembre 2010. En s'appuyant sur l'armée de Côte d'Ivoire - dont les épaules galonnées et étoilées se sont précipitées, pour aller lui faire allégeance en sa résidence de Cocody, le 3 décembre 2010 -, pour confisquer le pouvoir d'État, en tuant et en martyrisant une bonne partie du peuple, il doit être accusé de Haute Trahison.

CRIMES CONTRE L'HUMANITÉ

Au nom de cette volonté de confiscation du pouvoir, le 3 mars 2011, ses soldats ont fait feu avec des chars, sur des manifestantes aux mains nues, dans la commune d'Abobo. Il s'agit là d'un crime contre l'humanité, qui ne serait même pas tolérable dans le cadre ignoble d'une guerre civile.

Le charnier inaugural de Yopougon - qui a ouvert la boîte de Pandore, le 26 octobre 2000 - constitue aussi un crime contre l'humanité. À cela, il faut ajouter un autre crime contre l'humanité, que fut le charnier de Monoko-Zohi en novembre 2004. La même année, il avait également commis un autre crime contre l'humanité, les 24, 25 et 26 mars 2004, lorsqu'il avait bombardé par hélicoptères de combats, et par chars d'assaut, de potentiels marcheurs de l'opposition, qui entendaient soutenir les accords de paix de Marcoussis.

Déjà, les 4 et 5 décembre 2000, Laurent Gbagbo avait fait réprimer dans le sang, les militants du RDR, qui manifestaient contre l'exclusion d'Alassane Ouattara des élections législatives. Selon une enquête onusienne, la soldatesque à la solde de Zeus, en avait tué froidement au moins 85 ! Naturellement, personne à ce jour n'a été jugé pour aucun de ces crimes. C'est pourquoi, Laurent Gbagbo doit être mis aux arrêts pour répondre de ces cinq crimes contre l'humanité.

J'allais oublier le sixième crime contre l'humanité, que fut le déversement anarchique des déchets toxiques dans Abidjan, en août 2006. Ayant importé ces déchets hautement toxiques des Pays-Bas, son régime les a fait déverser un peu partout à travers le District d'Abidjan, en demandant aux Abidjanais de ne pas se plaindre de l'odeur putride de ces déchets, car à travers un battage médiatique, les refondateurs ont fait croire au peuple que c'était un insecticide efficace contre les moustiques, qui infestaient la métropole abidjanaise !

Des dizaines de citoyens ont payé de leur vie cette forfaiture, tandis que des dizaines de milliers d'autres en souffrent à ce jour. Mais le mépris souverain que M. Gbagbo a pour la vie humaine, l'a amené à négocier, derrière les rideaux, une indemnisation de 100 milliards de francs CFA avec Trafigura, propriétaire du Probo Koala. Laurent Gbagbo doit être mis aux arrêts pour répondre de cet autre crime contre l'humanité.

AUTRES CRIMES DE SANG

Hormis ces crimes contre l'humanité, l'homme Laurent Gbagbo doit être arrêté pour répondre de divers crimes de sang, notamment des meurtres et des assassinats politiques, commis tout au long de ses 10 années chaotiques au pouvoir. Sur cette liste non-exhaustive, je peux citer les assassinats politiques suivants : Émile Téhé (abattu le 02 novembre 2002), Dr Benoît Dakoury-Tabley (criblé de balles le 8 novembre 2002), Rady Philippe Mohamed (abattu chez lui le 06 novembre 2002), Camara Yêrêfê dit ''H'' (abattu le 2 février 2003), Robert Guéi, Rose Doudou Guéi, le capitaine Fabien Coulibaly et 16 autres personnes se trouvant chez les Guéi, en ce jour funeste du 19 septembre 2002, et qui furent aussi abattus ; le commandant Adama Dosso, abattu ; le colonel Bakassa Traoré (tabassé à mort le 28 juin 2005) ; Souleymane Coulibaly et Souhalio, jeunes de l'UDPCI, abattus le 09 décembre 2002 ; l'imam Samassy Mahmoud, abattu le 06 janvier 2003 et tant d'autres encore, qui ont été alors soit fusillés dans leur propre domicile, soit enlevés pour être froidement abattus d'une balle dans la tête, ou même charcutés de balles et abandonnés en bordure des routes de la capitale économique.

L'ONU a enquêté sur le triste parcours isotopique de la mort du régime des refondateurs, puisque Gbagbo rechignait à le faire. Il doit être mis aux arrêts pour répondre de tous ces crimes du sang, sans compter les milliers de ses concitoyens, qui sont morts – dont les 400 morts de cette crise postélectorale - dans des conditions similaires, et que je n'ai pas énumérés ici.

CRIMES ÉCONOMIQUES

Mais Laurent Gbagbo a aussi présidé aux destinées d'une mafia, ces dix dernières années. Cette mafia s'appelle la refondation. Aujourd'hui, un refondateur, c'est un nouveau riche, qui s'est enrichi de façon fulgurante et illicite, et qui, par conséquent, ne recule pas devant la dépense. En attendant de mener un audit complet de la gestion de l'État, ces dix dernières années, on doit le mettre aux arrêts, pour les crimes économiques suivants : les détournements massifs dans la filière café-cacao, et le détournement des 100 milliards de francs CFA de Trafigura.

En effet, Laurent Gbagbo a, au titre de l'État de côte d'Ivoire, empoché 50 milliards de francs, sur cette somme négociée de manière tout à fait obscure, par Désiré Tagro, et à l'insu du gouvernement du Premier Ministre Charles Konan Banny. Et ces 50 milliards de francs se sont volatilisés, avant d'échoir dans les caisses du Trésor Public ! Ensuite, il a cédé 25 milliards de francs à ses camarades refondateurs des collectivités locales, avec Pierre Amondji en tête.

Les vraies victimes attendent toujours, pour la plupart, quand d'autres n'ont perçu que des miettes. Les victimes, comme le zoo d'Abidjan, attendent toujours que leur part trouve le chemin qui mène au zoo, et les animaux, qui s'y trouvent, se meurent de faim, pendant ce temps. J'ai appris, cette semaine, que les deux lions, qui s'y trouvent, n'ont mis que deux poulets dans leurs estomacs, ces deux dernières semaines !

Des centaines de milliards de francs CFA ont aussi été détournés dans les innombrables et labyrinthiques organisations de gestion de la filière café-cacao, ces 10 dernières années. Et toutes ces organisations sont soigneusement dirigées par des refondateurs ou par leurs maîtresses. La présidence de M. Gbagbo a bénéficié de plusieurs centaines de milliards de francs détournés dans la filière, ainsi que les enquêtes du procureur Tchimou l'ont établi. C'est pour cette raison que M. Gbagbo - qui a fait emprisonner la quasi-totalité des dirigeants de la filière - n'a jamais permis que leur procès eût lieu, avant la présidentielle de 2010, car un tel procès lui aurait barré irrémédiablement la route qui mène au palais présidentiel.

Il comptait sur une éventuelle victoire, pour tenir un simulacre de procès, qui les blanchirait et lui sauverait la peau, mais la victoire de M. Ouattara l'ayant mis en émoi, il a préféré les mettre en liberté provisoire. Aussi faudra-t-il mettre aux arrêts Laurent Gbagbo pour répondre de ces crimes économiques.

Dr Famahan SAMAKÉ
Ph.D.
Royaume-Uni
12 mars 2011

LETTRE OUVERTE AU PRÉSIDENT-ÉLU : M. OUATTARA, PRENEZ VOS RESPONSABILITÉS !

Excellence, M. le président-élu,

Depuis votre élection à la magistrature suprême, le 28 novembre 2010, 91 jours sont passés, et je constate que votre adversaire, le candidat malheureux, Laurent Gbagbo, confisque et exerce encore le pouvoir d'État. C'est un crime, qui s'appelle Haute Trahison, et qui est passible de la peine de mort, presque partout dans le monde.

M. Gbagbo, qui a perdu le pouvoir dans les urnes, n'hésite pas à l'exercer par la force brutale, et personne - ni la CEDEAO, ni l'UA, encore moins l'UE et l'ONU - ne le condamne. Ses miliciens des FDS, version Philippe Mangou, ses mercenaires et ses miliciens, version Blé Goudé, commettent des crimes contre l'humanité, sur vos militants supposés ou réels, chaque jour, à Koumassi, à Abobo et à Yopougon. Ils explosent la tête à certains au lance-roquettes, arrachent des bras avec des obus, enroulent certains dans un matelas et les brûlent vifs. Ils abattent d'autres encore à la mitrailleuse lourde, ou à coups de gourdins.

Vous imaginez-vous le risque que court le Dioula, ou le Baoulé moyens et anonymes, dans la Côte d'Ivoire d'aujourd'hui ? Pour tous ces anonymes, ces citoyens lambda, M. le président, prenez vos responsabilités ! Prenez vos responsabilités et dégagez militairement M. Gbagbo du palais de la République. Vous avez une armée dans les zones nord, centre et ouest, faites-en bon usage et dégagez M. Gbagbo militairement du pouvoir. Je suis sûr que les soldats du rang, qui ont voté pour vous à 63 %, vous rejoindront, car ils en ont assez d'être envoyés au suicide à Abobo, par des généraux milliardaires, qui veulent maintenir M. Gbagbo au pouvoir, pour protéger leur fortune.

Vous savez très bien que ni la CEDEAO, ni l'UA ne résoudront point le conflit ivoirien. La première avait exigé le départ de M. Gbagbo sans condition, faute de quoi, il serait dégagé par la force légitime. Mais ses hérauts, au lieu de porter ce message ferme à M. Gbagbo, se sont mués en médiateurs. L'UA et son panel, après avoir court-circuité la CEDEAO, se sont donné un long mois pour arrêter des solutions contraignantes. Ce délai expiré, ils se sont donné un autre mois, soit deux mois en tout, et cette fois, pour tout juste faire des propositions de sortie de crise. Ils sont incompétents et indécis : on n'a point besoin de deux semaines, encore moins de deux longs mois, pour faire des propositions de sortie de crise.

Moi-même, je peux en faire en 10 minutes. Tenez : 1) M. Ouattara président, M. Gbagbo retourne dans l'opposition. 2) M. Ouattara président, M. Gbagbo devient premier ministre. 3) M. Ouattara président, M. Gbagbo devient vice-président. 4) M. Gbagbo président, M. Ouattara promu vice-président. 5) M. Gbagbo président, M. Ouattara devient premier ministre (comme au Kenya et au Zimbabwe). 6) M. Gbagbo président et M. Ouattara retourne dans l'opposition.

Vous voyez, c'est si facile de faire des propositions de sortie de crise ! Mais le panel de l'UA a besoin de pas moins de deux longs mois pour faire ce genre de propositions, que j'ai mis deux minutes à mettre sur du papier !

Le vrai problème est que ce panel et l'UA ne veulent pas dire la vérité : M. Gbagbo a perdu et doit partir. Ils ne veulent pas dire la vérité, car elle les mettrait en conflit avec M. Gbagbo et ses patriotes. Les Africains ont, en effet, un sérieux problème avec la vérité qui frustre forcément celui qui a tort. Or, ils ne veulent frustrer personne.

Le paradoxe est que, dans cette situation, on ne peut pas ne pas frustrer un camp, puisqu'on ne peut aucunement satisfaire les deux. Alors, M. le président, prenez vos responsabilités ! Prenez vos responsabilités et dégagez militairement M. Gbagbo du palais de la République !

Les militaires FDS, qui refusent de se soumettre à votre autorité, sont désormais des rebelles, des mutins ou des miliciens à la solde de M. Gbagbo. C'est vous qui avez été élu, pas lui. La République et ses institutions sont de votre côté, pas du sien. Ceux qui le suivent s'exposent donc à la sanction suprême : écrasez-les militairement, conformément à la constitution de l'État de Côte d'Ivoire, qui vous fait obligation de défendre ce pays, ses habitants et leurs biens.

Or les commerces et les minibus sont pillés, saccagés et brûlés à Yopougon, de même que des citoyens RHDP et des étrangers sont brûlés vifs, dans cette commune, sur ordre de Charles Blé Goudé.

Alors, M. le président, prenez vos responsabilités. Prenez vos responsabilités et dégagez militairement M. Gbagbo du palais de la République.

Si vous ne pouvez le faire, alors, veuillez bien dégager, pour laisser M. Gbagbo diriger le pays. Il mettra sans doute alors fin aux tueries insensées. Lui, au moins, n'a aucun scrupule à exercer un pouvoir, que le peuple ne lui a point octroyé !

Dr Famahan SAMAKÉ
Ph.D.
Royaume-Uni
3 mars 2011.

CHAPITRE III : LA CHUTE DE GBAGBO

THE DOWNFALL / LA CHUTE

C'est le moment de la chute brutale de Laurent Gbagbo, que nous savions tous inéluctable, du moins ceux d'entre nous, qui avaient encore du discernement. Mais les affidés du FPI, inféodés et fanatisés qu'ils étaient, refusaient, avec obstination, de croire à cette triste fin. Ils étaient persuadés que l'armée des anges descendrait du ciel, pour sauver le soldat Gbagbo, in extremis, dit-on, et conformément à une fausse prophétie alimentaire, d'un certain imposteur, portant le nom de Koné Malachie Mamadou.

Ce discours d'illuminé ne m'a jamais convaincu, et l'homme vient de tomber dans l'humiliation la plus totale : il a été en effet livré à son pire ennemi, le président Alassane Ouattara, avec femme et enfant, et au Golf Hôtel ! Simone Gbagbo, la femme belliqueuse et arrogante, qui traitait le président Ouattara de ''chef bandit'' et M. Sarkozy de ''diable'', a été contrainte de boire son calice jusqu'à la lie. Michel Gbagbo a été aussi arrêté et livré aux autorités légitimes du pays. Ceci a un goût de bis repetita : déjà, le 18 février 1992, le premier ministre d'alors, Alassane Ouattara, avait fait arrêter et emprisonner le terrible trio familial, à la suite d'une marche violente.

Cette fois, les voilà de retour en détention préventive et nul doute que M. Gbagbo sera jugé et sévèrement puni, par la cour pénale internationale de La Haye.

Simone Gbagbo devrait répondre de certains chefs d'inculpation, ainsi que Affi N'Guessan. La vie est une roue qui tourne, et qui parfois, fait des rotations singulières : les mêmes événements se reproduisent alors, presque dans les mêmes conditions, avec les mêmes acteurs. Laurent Gbagbo, lorsqu'il écrira ses mémoires, du fond de sa cellule, à La Haye, devra méditer cette singulière tournure de l'histoire. Son livre peut servir alors une cause juste, en inspirant tous les apprentis dictateurs, qui seraient tentés à l'avenir de confisquer le pouvoir d'État, après l'avoir perdu dans les urnes. Que plus jamais cette tentative de confiscation du pouvoir ne se passe nulle part en Afrique. Qu'elle ne soit plus tolérée dans aucun pays, ni en Côte d'Ivoire, ni au Kenya, ni au Zimbabwe. Il faut faire barrage à la dictature partout où l'on tente de l'exercer !

Dr Famahan SAMAKÉ
Ph.D.
Royaume-Uni
11 avril 2011

LAURENT GBAGBO, LE FPI ET LA JUSTICE

"La personne humaine est sacrée. Tous les êtres humains naissent libres et égaux devant la loi. Ils jouissent des droits inaliénables que sont le droit à la vie, à la liberté, à l'épanouissement de leur personnalité et au respect de leur dignité. Les droits de la personne humaine sont inviolables. Les autorités publiques ont l'obligation d'en assurer le respect, la protection et la promotion.
Toute sanction tendant à la privation de la vie humaine est interdite.", article 2 de la constitution ivoirienne d'août 2000.

À la lumière de cette disposition constitutionnelle, je reste stupéfait devant les exigences du FPI, relatives à la libération de M. Gbagbo et de ses camarades, en résidence surveillée à Abidjan, à Odienné, à Korhogo, à Bouna et à Katiola. Eux qui étaient, naguère, les plus fervents défenseurs de la constitution ivoirienne – notamment les dispositions qui leur permettaient de rester indéfiniment au pouvoir, sans la moindre élection –, refusent subitement d'en respecter l'article 2. Si nous sommes tous libres et égaux devant la loi, pourquoi faut-il libérer ceux qui ont tué, ou ordonné la tuerie de plusieurs centaines, voire des milliers de nos concitoyens ? Ceux qui ont été tués par le FPI, depuis son accession calamiteuse au pouvoir d'État, en octobre 2000, jusqu'à sa vaine tentative sanglante de confisquer le pouvoir, au lendemain de sa défaite mémorable à la présidentielle de novembre 2010, ne méritent-ils pas justice ? Leurs vies n'étaient-elles pas sacrées ? Le pouvoir FPI n'avait-il pas obligation de protéger, et de sauver, leurs vies ?

Certaines personnes, sans doute bien intentionnées, proposent que l'on élargisse les dirigeants de l'ancien régime, sur l'autel de la réconciliation nationale. Il me semble que cette magnanimité n'est plus à l'ordre du jour, pour au moins deux raisons. Premièrement, il aurait fallu que le FPI cédât le pouvoir, à la suite des médiations africaines, pour donner l'impression d'avoir collaboré, en vue d'une sortie de crise apaisée. Or, le FPI s'est arcbouté sur la prétendue préséance des décisions de Yao N'dré Paul, pour rejeter du revers de la main, toutes les propositions de sortie honorable pour son champion.

Deuxièmement, le FPI a choisi d'aller jusqu'au bout de sa logique suicidaire, quitte à lancer le pays entier dans une guerre civile, aux conséquences imprévisibles. C'est pour atteindre cette fin funeste et tragique, qu'il a distribué des armes de guerre et des caisses de munitions dans les villages et hameaux de l'ouest, ainsi que dans les communes d'Abidjan, considérées comme ses fiefs. Il s'est appuyé sur les miliciens de groupes ethniques proches de ses leaders, ainsi que sur des mercenaires libériens importés uniquement pour tuer ceux des Ivoiriens, qui s'opposeraient à sa volonté de se pérenniser au sommet de l'État. Les obus, qui ont déchiqueté les civils au petit marché d'Abobo, le 17 mars 2011, ainsi que les chars, qui ont étété des femmes dans cette commune, le 3 mars précédent, ont achevé de rendre impossible toute amnistie pour Laurent Gbagbo et ses sicaires. Leur élargissement n'est ni opportun, ni traduisible en acte. Car l'horreur qu'ils ont laissée derrière eux est trop surdimensionnée ; on n'en appréciera toutes les limites qu'à la suite d'une enquête d'envergure, couvrant toute l'étendue du territoire national.

Certaines victimes ne seront sans doute jamais retrouvées, ni ne bénéficieront jamais de sépulture. Comment peut-on alors libérer ces bourreaux, et pour quels motifs ? Ceux qui ont péri dans cette crise fabriquée de toute pièce par le FPI, méritent que justice leur soit rendue. Si un coupeur de route, qui a tué un seul passager d'un car UTB, était condamné à 20 ans de prison ferme, personne ne s'en serait ému. De même, le comptable, qui détourne 20 millions de francs des caisses de la société qui l'emploie, serait condamné à 10 ans de détention à la MACA, sans que nul n'aie pitié de lui. Y aurait-il donc une justice pour les faibles, et une autre pour les puissants, que sont les Gbagbo, les Dogbo Blé et autres ?

L'impunité ne sera pas la règle dans ce nouvel État, mais l'exception. Cet État émergent ne va pas gloser sur les vertus du respect de la constitution ; il la mettra en pratique au quotidien. Et il commencera par prouver que tous les citoyens, sans exception, sont égaux devant la loi ; que la vie humaine est sacrée, y compris celle des plus faibles et des plus pauvres. Il prouvera que nul n'a le droit d'ôter la vie à son prochain, quand bien même le bourreau présumé aura été président de la République. Tous égaux devant la loi, tel est le leitmotiv !

Dr Famahan SAMAKÉ
Ph.D.
Royaume-Uni
29 mai 2011

JE NE LES ENTENDS PLUS

Il fut un temps où le tintamarre de certaines gens m'agaçait. Et il était impossible de ne point les entendre, tant ils faisaient du bruit, sur les plateaux de LMPTV. Je les entendais pérorer, maugréer, vociférer et se gloser, épiloguer et jacasser en continu, aux seules fins de travestir la vérité, pour donner l'impression que la victoire électorale de Koudou était légale, à défaut d'être légitime. Il m'en souvient des noms comme Dr Gervais Boga Sako, Herman Aboua, Awa Thabitha Danon, Noël Gnagno, Mambo Abé, Lanciné Fofana, Israël Brou Amessan, Yoh Claude, Cardinal Bernard Agré, Monseigneur Kutwa, Albéric Niango, Ouattara Gnonzié, Honorat de Yédagne, Bro Grébé, Blé Goudé, Damana Pickass, Affi N'Guessan, Ahoua Don Mello, Désiré Dallo, Koné Katinan Justin, Stéphane Kipré et bien d'autres encore.

Sauf que l'histoire de la Côte d'Ivoire s'est accélérée dans les 24 dernières heures, et tous sont devenus aphones. Soudainement. Je ne les entends plus. L'interruption du signal hertzien de LMPTV, à elle seule, n'explique pas cependant leur mutisme salutaire. En effet, beaucoup d'entre eux avaient senti le vent tourner, et s'étaient terrés, par prudence. Boga Sako fait partie de ces derniers. D'autres, convaincus des fausses prophéties du sieur Malachie Koné, ont maintenu la dragée haute, en espérant le miracle divin de la dernière minute, qui ferait d'eux les saints des derniers jours. Ce miracle ne s'est point produit, si bien qu'il convient de ne plus suivre ces faux prophètes, capables de conduire nos gouvernants sur le chemin diabolique des pires crimes, pour servir Satan et ses démons.

Plus que jamais, il faut séparer l'Église de l'État, de même que la mosquée en sera séparée. Nous avons besoin de démocratie et non de démoncratie ; nous avons besoin d'État de droit, et non d'un État policier à l'image de ce que les refondateurs nous ont servi. Nous méritons mieux qu'on nous serve la guerre en lieu et place du développement ; nous méritons mieux que la télé de Brou Amessan. Et nous méritons certainement mieux que les journaleux de la crinière de Thabitha Danon Ehoura Awa et Herman Aboua. Nous méritons mieux que les modèles servis par Blé-la-machette, Stéphane Kipré, Maho Glofiéhi, Ahoua Stallone, Damana Pickass-le-voyou, Richard Dacoury, Eugène Djué-le-belliqueux, Navigué Konaté, Serges-Koffi-l'assassin, Augustin Mian-le-meurtrier, et autres. Nous méritons mieux que la FESCI actuelle, qu'il convient de dissoudre, pour promouvoir la salubrité publique et la sécurité des personnes et des biens.

J'espère seulement que le silence de tous ces messieurs et dames est l'expression de la lucidité et de la sagesse retrouvées. Dommage que cette sagesse soit obtenue au prix des bruits de canons et des bombardements tous azimuts. Les refondateurs, il est vrai, sont de terribles démocrates, qui ont l'oreille trop dure pour écouter un autre son de cloche, que celui provenant de leur propre chapelle. C'était sans doute la seule manière d'obtenir leur attention et leur silence si précieux, car ils ont semé tant de haines et de divisions entre les fils et filles de ce pays. Aussi, suis-je heureux de ne plus les entendre du tout. Le salut de la Côte d'Ivoire passait aussi par-là.

Dr Famahan SAMAKÉ
(Ph.D.),
Royaume-Uni,
05 avril 2011

LA CURIEUSE BAVOURE DE BLÉ GOUDÉ

Blé Goudé, plus royaliste que le roi, et brave parmi les plus braves, s'est offusqué de la chute de la ville de Daloa, la plus grande ville bétée de Côte d'Ivoire. Pour réparer cet affront de lèse-majesté, il semble qu'il a recruté, armé et convoyé, près de 600 jeunes patriotes, jusqu'au bout de l'autoroute du nord. Ces jeunes sont, au mieux, supposés libérer Daloa des mains des FRCI, et au pire, supposés mourir *''pour leur patrie''*, c'est-à-dire, pour Laurent Gbagbo.

Curieusement, Blé Goudé, brave parmi les plus braves, a fait demi-tour, au niveau de l'autoroute, pour regagner Abidjan, avec sa forte garde rapprochée. Ses jeunes patriotes sont censés lui faire le point sur leur épopée dans la cité de l'antilope. C'est clair, dans mon esprit, que Blé Goudé veut survivre à tous ces jeunes écervelés, qui veulent mourir pour une cause perdue ; il veut survivre au régime moribond de Laurent Gbagbo, afin de jouir de ses immenses biens matériels accumulés ces dix dernières années. Car enfin, à quoi lui serviraient tous ces milliards gagnés, s'il perdait la vie maintenant ?

Et, selon moi, Daloa n'est pas plus stratégique que Duékoué, Toulépleu et Bondoukou. Pourtant, lorsque ces villes sont tombées, sans que Blé Goudé ne se soit point empressé de les faire libérer par ses soldats.

Son orgueil seul est fouetté, cette fois, car il s'agit d'une ville bétée. Tiébissou est en proie aux affrontements armés, depuis ce matin, et je parie qu'il restera de marbre, si cette ville venait à tomber, elle aussi. Pourtant, un tel scénario serait catastrophique pour le régime de son messie. Il permettrait, en effet, la capture facile de Yamoussoukro, la capitale politique du pays. L'autoroute alors ne serait pas loin de portée et pourrait conduire les forces républicaines jusqu'à Abidjan, en deux heures et demie seulement. Déjà que les forces encore fidèles à Séplou ne parviennent plus à maîtriser Abobo, Port-Bouët 2 et Williamsville, tout renfort massif au profit des forces adverses, dans Abidjan, précipiterait la chute du régime Gbagbo.

Cette chute, qui accuse un retard de plus de 4 mois déjà, serait la bienvenue, pour soulager les populations ivoiriennes, qui n'en peuvent plus des obus que ses FDS jettent à l'aveuglette sur les agglomérations.

Elle serait salutaire pour tous ceux qui ne supportent plus d'assister, impuissamment, à ces autodafés, où l'on brûle leurs concitoyens avec des pneus de voitures usés. Elle serait salutaire pour tous ceux qui ont prié pour que s'arrêtent les bruits des kalachnikovs, des mortiers, des mitrailleuses lourdes et des chars, qui déchirent leurs nuits et leurs jours, dans Abidjan.

Elle serait aussi salutaire pour tous ceux qui aspirent à la paix.

Heureusement que Blé Goudé n'est pas assez brave pour contrarier autant d'aspirations légitimes.

Dr Famahan SAMAKÉ
Ph.D.
Royaume-Uni
30 mars 2011

L'HÉRITAGE DE LAURENT GBAGBO

Le régime Gbagbo a pris fin officiellement, avec la demande de cessez-le-feu exprimée par ses généraux, le mardi 05 avril 2011. Le 7 avril, le Président Alassane Ouattara prenait le pouvoir, avec son mémorable discours à la nation. Cependant, il aura fallu attendre jusqu'au 11 avril, pour mettre Laurent Gbagbo hors d'état de nuire, pour de bon, avec son arrestation effective. À l'heure de la capitulation du ''woody'' de Mama, il convient de se demander quel est son legs aux Ivoiriens. De quelle Côte d'Ivoire héritons-nous de Laurent Gbagbo ?

Laurent Gbagbo nous laisse en héritage un pays qu'il a ramené à l'âge de pierre : il n'y a même plus l'embryon d'une économie fonctionnelle ici ; plus de banque centrale ; plus de banques commerciales ouvertes ; plus de maisons d'assurances ouvertes ; plus de chemin de fer fonctionnel ; plus de télévision, ni de radio d'État ; plus de journaux qui paraissent ; plus de transport en commun ; plus d'eau, ni d'électricité ; plus de commerce extérieur ni intérieur ; plus de ports qui tournent ; plus de douanes ; plus de police ; plus d'armée ; plus de gendarmerie ; plus d'écoles ouvertes, ni d'universités qui fonctionnent ; plus d'administration ; plus de mairies qui fonctionnent ; plus aucun travailleur à son poste de travail ; plus d'usine qui marche ; plus rien à boire, ni à manger ; insalubrité chronique ; déchets toxiques ; épidémies de choléra, de fièvre typhoïde et d'insuffisance rénale ; combats à l'arme lourde, dans les rues et ruelles de la métropole abidjanaise, massacres partout ; bombardements tous azimuts ; des milliers de miliciens armés de kalachnikovs, de grenades et de RPG-7.

C'est le retour à l'état sauvage ; le retour à la vie préhistorique de la loi de la jungle : ceux qui ont des fusils marchent dans des domiciles et des commerces, forcent les portes de façon diurne, et à visage découvert, pour se servir à volonté. Terrible bilan que celui-là. Mais Laurent Gbagbo assumera toutes ces dérives, devant le tribunal impitoyable de l'histoire. C'était un acte grave d'irresponsabilité au sommet de l'État, que de distribuer des armes de guerre à ces milliers de miliciens, patriotes et fescistes, pour défendre une chimérique souveraineté nationale.

C'était aussi un acte grave d'irresponsabilité, que de s'accrocher au pouvoir à ce point. M. Gbagbo est allé contre la CEI, contre le facilitateur, contre le certificateur, contre la CEDEAO, contre l'UA, contre l'UE et contre l'ONU, pour mener son acte insensé de confiscation du pouvoir perdu dans les urnes. Il a répondu à tous les appels à la raison et au respect de l'alternance démocratique, par un mépris souverain et dédaigneux. Il s'est entêté à former un gouvernement mort-né, s'est enfermé dans un semblant d'État informel, soutenu par une télévision digne de Pyong-Yang. Il a endoctriné la jeunesse ivoirienne, qu'il a été incapable de former correctement dans les écoles et les universités. Il a été aussi incapable de leur trouver du travail. Alors, il a choisi de les occuper à bavarder sans arrêt, dans les Sorbonnes, les agoras, les parlements, tous espaces de l'abrutissement et de l'embrigadement. Il leur a fourni enfin des armes de guerre, pour servir de chair à canon, si la CEDEAO lui faisait la guerre.

À défaut, ils pouvaient se servir dans les domiciles, et dans les commerces d'honnêtes citoyens et opérateurs économiques, au moyen honteux de pillages et de braquages. Dignité de l'Afrique, quand tu nous tiens ! Souveraineté de la Côte d'Ivoire, que tu nous coûtes chère ! Ce pays est de retour à l'âge de pierre : ici, tout est à recommencer. Absolument tout ! À commencer par la sécurité des personnes et des biens. Ensuite, il faudra ressusciter l'éducation nationale, le système de santé, l'industrie, les ports, l'aéroport, les transports, l'économie et les finances, les institutions républicaines, les relations internationales, le commerce intérieur et extérieur, les infrastructures socio-économiques, etc. Les refondateurs nous avaient promis de tout casser pour tout reprendre ; dommage qu'ils ne nous eussent pas dit qu'ils se borneraient à tout détruire, et que c'est nous, qui devrions tout reconstruire bien après eux !

Dr Famahan SAMAKÉ
Ph.D.
Royaume-Uni
12 avril 2011

LA MORT PROGRAMMÉE DU FPI

L'observateur que je suis, ne peut s'empêcher de penser que le FPI – Front Populaire Ivoirien – est en train de signer son arrêt de mort politique. En effet, après avoir occupé le palais présidentiel, par effraction, à l'issue d'un scrutin où le taux de participation était de 37% en 2000, et après avoir perdu la seule élection vraiment ouverte à laquelle il aura pris part, le FPI tente de s'imposer aux Ivoiriens, grâce à des généraux félons. Cette option étant en train de devenir une chimère ; alors, le FPI veut susciter une guerre civile, aux fins de demeurer au pouvoir, s'il sortait victorieux d'une telle guerre, un peu comme Denis Sassou Nguesso au Congo, en 1997.

Mais ce faisant, il oublie qu'il peut perdre aisément cette guerre civile, qu'il appelle de tous ses vœux. Dans cette éventualité, c'est le FPI en tant que parti politique qui disparaîtrait. Les Ivoiriens ne leur pardonneront jamais, en effet, d'avoir perdu le pouvoir dans les urnes, et d'avoir tenté ensuite de le confisquer indéfiniment, en s'appuyant d'abord sur l'armée, et enfin, de tenter d'y demeurer au moyen d'une guerre civile ! Donc, en cas de défaite des refondateurs, les Ivoiriens auront la rancune si tenace qu'ils prendront toutes les dispositions, afin de barrer la route du pouvoir au FPI, et à jamais. Même décrocher un poste de député, au nom de ce parti, relèvera d'un miracle. Il est même possible que personne ne veuille plus jamais ternir son image, en se présentant à une élection sous la bannière aux deux doigts, tant le label FPI deviendra un épouvantail politique !

Pour Laurent Gbagbo, c'est donc clair : il a créé ce parti pour le mener au pouvoir, et s'il ne peut l'y maintenir, alors le parti doit disparaître avec lui ! Quel altruisme ! Houphouët-Boigny voulait que le PDCI lui survécût, mais Gbagbo veut que le FPI meure avec lui. Les militants de ce parti aviseront.

Lorsqu'en mai 2010, le parti travailliste britannique avait perdu les élections législatives, Gordon Brown a tenté de mettre en place une coalition avec les libéraux démocrates de Nick Clegg, puisqu'aucun parti n'avait pu obtenir une majorité à la Chambre des Communes. David Blanket, ancien ministre de l'Intérieur de Tony Blair, a mis en garde son parti, contre toute coalition des vaincus, qui s'entendraient pour usurper le pouvoir. Selon lui, les électeurs ne le leur pardonneraient jamais, et les sanctionneraient si sévèrement aux prochaines élections, au point de ne jamais plus leur permettre de former d'autres coalitions des battus. Son appel a été entendu, et Gordon Brown a laissé les vainqueurs relatifs, les Conservateurs, former un gouvernement de coalition avec le troisième parti.

Les sondages montrent aujourd'hui que les travaillistes seraient reconduits au pouvoir, si les élections étaient reprises dans ce mois de mars 2011 ! Mais ce que les travaillistes britanniques ont évité adviendra inéluctablement au FPI. Ce parti est appelé à disparaître du microcosme politique ivoirien, avec la chute de M. Gbagbo. Cette chute n'est pas seulement inévitable ; elle aura lieu dans quelques jours, ou quelques semaines, tout au plus. Il faut donc déjà préparer le requiem du FPI.

Dr Famahan SAMAKÉ
(Ph.D.)
Royaume-Uni
21 mars 2011.

LE DISCRÉDIT DU FPI

À mon avis, le FPI s'est totalement discrédité, non pas pour avoir perdu le pouvoir d'État, mais pour n'avoir pas réussi la catharsis de la repentance, consistant à reconnaître ses nombreuses fautes et crimes politiques, commis ces dix dernières années, et de présenter toutes ses excuses à la nation. Jusqu'ici, aucun de ses dirigeants n'a eu l'honnêteté intellectuelle, qui consiste à reconnaître la victoire du président Ouattara, dans les urnes.

Au mieux, ils disent reconnaître que ce dernier est le nouveau chef de l'État ; ils désignent par *"les nouvelles Autorités"*, le président et son gouvernement. Ils reconnaissent aussi avoir perdu le bras de fer né de la crise postélectorale, mais se gardent toujours d'avouer qu'ils avaient perdu auparavant l'élection du 28 novembre 2010, avant de perdre le 11 avril 2011, la guerre qu'ils avaient initiée, afin de demeurer au pouvoir. Tous ces atermoiements jettent le discrédit sur le FPI, en tant que parti politique responsable.

Au lieu de préparer sereinement l'élection d'octobre 2010, ce parti au pouvoir alors, n'a préparé que la guerre civile. Il savait qu'il ne pouvait jamais remporter le scrutin au vu de son bilan plus que négatif. Il a donc choisi de préparer la guerre civile, en distribuant des armes de guerre à des miliciens dans Abidjan et dans les villages de Gagnoa, d'Issia, de Toulépleu, de Duékoué, de Bloléquin et de Daloa, principalement. Il en a fait de même pour les mercenaires libériens, qu'il a recrutés à prix d'or, pour venir mater les Ivoiriens qui auraient des velléités d'opposition à son coup de force électoral. Il a enfin surarmé la Garde Républicaine et le CECOS, pour lui servir de derniers remparts lors de la bataille d'Abidjan.

Après avoir miné ainsi le terrain, le FPI s'est montré intransigeant lors des sept rounds de médiations initiées par la CEDEAO et l'UA, menaçant ouvertement tout ce beau monde d'une guerre civile en Côte d'Ivoire, si Laurent Gbagbo quittait la présidence.

Après l'arrestation de M. Gbagbo, il ne s'est point produit de guerre civile ; tout au plus, il y a eu quelques centaines de miliciens, qui se sont adonnés aux pires exactions du côté de Yopougon. On vient d'y découvrir un charnier d'une trentaine de corps, ce 04 mai 2011. Mais personne au FPI n'a le courage de reconnaître la paternité de ces milices et de ces mercenaires étrangers importés, aux seules fins de tuer des Ivoiriens, qui ne sont pas militants du FPI. Aucun des dirigeants du FPI n'a jusqu'ici désavoué ces milices et ces mercenaires, encore moins exigé qu'ils déposent les armes, immédiatement et sans condition.

Affi N'guessan, dans sa dernière adresse à la nation, en date du 21 avril 2011, semblait même conditionner un tel appel à déposer les armes, à la libération préalable et sans condition, de M. et Mme Gbagbo, ainsi que de tous les dirigeants du FPI, mis en résidence surveillée.

Là aussi, le FPI vient d'échouer. Il n'y a point eu de libération dans ses rangs. Et cependant, les miliciens et mercenaires occupant Yopougon, viennent d'être mis en déroute totale, ce 4 mai 2011. Les derniers survivants ont fui Abidjan, pour prendre la direction de Tabou, Grand-Lahou, Fresco et autres. C'est, semble-t-il, le retour au bercail pour les Libériens. Pour les Maho Glofiéhi, c'est au moins le bout de la course folle, et le début de la clandestinité.

Le discrédit du FPI est total : comment un parti politique au pouvoir, qui se prétend démocratique, peut-il justifier la distribution d'armes de guerre à des civils – miliciens et mercenaires étrangers - pour préparer la guerre civile, au lieu de préparer les élections, auxquelles le monde entier était convié à assister de bout en bout ?

Après sa double défaite électorale et militaire, le FPI refuse encore de reconnaître sa défaite, dans les urnes, le 28 novembre dernier, se contentant de reconnaître sa défaite militaire, afin d'insinuer un coup d'État ! Cette malhonnêteté intellectuelle n'est guère la bienvenue à la table de la réconciliation nationale. Et tant que le FPI n'aura pas reconnu sa défaite, dans les urnes, tant qu'il n'aura pas reconnu la légitimité du président Ouattara, conformément aux résultats proclamés par la CEI et certifiés par l'ONU, il devra payer chèrement, pour tous les crimes commis en Côte d'Ivoire, depuis le 27 novembre 2010 jusqu'à ce jour. Car, tous les pillages massifs de biens publics et privés, tous les crimes contre l'humanité, tous les massacres et meurtres, les enlèvements, les disparitions, les tortures, les viols, les vols et autres exactions, qui ont été commis pendant ces six derniers mois, sont les conséquences directes et prévisibles de leur vaine tentative de confisquer le pouvoir d'État, au mépris de la voix du peuple souverain de Côte d'Ivoire.

Dr Famahan SAMAKÉ
Ph.D.
Royaume-Uni.
05 mai 2011.

REQUIEM POUR UN DICTATEUR

*"Mais je **résisterai**. J'ai le cuir épais. Bédié s'est couché. Moi, je ne laisserai jamais Alassane Ouattara diriger la Côte d'Ivoire. S'il veut mon fauteuil, il faudra d'abord qu'il me passe sur le corps!"*, disait Laurent Gbagbo, au lendemain de sa défaite électorale, selon **Jeune Afrique** numéro 2605. Laurent Gbagbo est parvenu à ses fins, c'est le moins qu'on puisse dire : *"Un chef, ça se **bat**, ça **résiste**, quitte à y laisser la vie !"*, selon la même source.

À la lumière de ces déclarations, c'est clair maintenant, dans l'esprit de chacun, que Gbagbo n'était point disposé à céder le fauteuil présidentiel à personne d'autre, même dans 15 ou 20 ans. Parlant du pouvoir, ne disait-il pas dans une précédente interview, toujours dans **Jeune Afrique** : *"J'y suis, j'y reste"* ? Cet homme n'avait aucun égard pour l'alternance démocratique : il ne l'acceptait que si elle le portait au pouvoir, et s'y refusait si elle l'en éjectait.

Parvenu au sommet de l'État, par un concours de circonstances inespérées, il découvrit l'élixir du pouvoir, et toutes les jouissances qui vont avec : la grandeur, la gloire, la fortune et les femmes. Né dans une famille pauvre, il vécut pauvre jusqu'à l'âge de 55 ans. À cet âge, il parvint au pouvoir de façon inespérée. Il grandit alors démesurément, se rapprocha de Dieu, tant et si bien qu'il avait droit de vie ou de mort sur l'ensemble des Ivoiriens et des étrangers vivant sur notre sol. Plutôt que de construire le pays, il se mit à le détruire, tout en construisant son pouvoir au moyen de la corruption, du clientélisme, du clanisme, de la gabegie, de la répression sauvage des opposants politiques, des assassinats politiques, des massacres et des crimes contre l'humanité. L'objectif était simple : terroriser la population et tuer dans l'œuf toute velléité de s'opposer au pouvoir de M. Gbagbo.

Tous les leviers du pouvoir furent mis à contribution pour atteindre cet objectif : la RTI, Radio Côte d'Ivoire, l'appareil judiciaire, l'armée, la police et la gendarmerie. Quand vint le moment de partir du palais, M. Gbagbo ne pouvait contempler la possibilité inéluctable de finir la troisième partie de sa triste vie dans une cellule froide de La Haye. Il savait qu'il ne pouvait point échapper au Tribunal Pénal International, à cause des nombreux massacres et crimes contre l'humanité, qui ont émaillé son règne douloureux à la tête des Ivoiriens. Finir sur une note haute à l'âge de 65 ans - et après une présidence de 10 ans – semblait une meilleure option que de finir en purgeant 20 ans dans les geôles hollandaises.

Au total, Laurent Koudou Gbagbo aura refusé le *vade in pace* – pars en paix - ; à présent, il faudra lui dire *requiescat in pace* – repose en paix !

Dr Famahan SAMAKÉ
Ph.D.
Royaume-Uni
1 avril 2011

DIEU, QU'ILS AVAIENT PEUR DE M. GBAGBO !

La grande leçon de ce qui se passe en ce moment en Côte d'Ivoire, c'est que tous ces messieurs, et toutes ces dames, avaient tant peur de Laurent Gbagbo. C'est sans doute aussi la preuve que M. Gbagbo n'était pas le démocrate et l'enfant des élections, qu'il prétendait être. Car on n'a pas besoin d'avoir peur d'un démocrate véritable, on le respecte juste et on lui dit la vérité. Apparemment, personne, dans son camp, ne pouvait se hisser assez haut, pour oser lui dire la vérité, c'est-à-dire, qu'il avait perdu les élections et qu'il devait quitter le pouvoir.

Tous les flagorneurs de LMP, qui chantaient sa geste, disent maintenant que M. Ouattara est le président, et qu'il faut aller à la réconciliation nationale. On peut citer parmi eux, Affi N'guessan, Alcide Djédjé, Eugène Djué, Mian Augustin, Laurent Dona-Fologo, Tia Koné, Issouf Koné, Mamadou Koulibaly, Awa Thabitha Danon Ehoura, Jean-Baptiste Akrou, Philippe Mangou, Tiapé Kassaraté, Bi Poin, Brindou Mbia, Touvoly Bi Zogbo, et surtout Paul Yao N'Dré ! Subitement, chacun d'eux semble retrouver ses sens, et son honnêteté, depuis qu'ils savent que Laurent Gbagbo est au frais, dans une résidence surveillée au nord du pays, sans accès au téléphone, ni à internet !

Or donc, tous ces messieurs et dames savaient la vérité et ne pouvaient pas la dire ? Ce qui me frappe, ce n'est pas tant leur poltronnerie, mais surtout la peur bleue qu'ils avaient de Laurent Gbagbo, leur camarade socialiste et dictateur invétéré. Eux savaient donc que Gbagbo était un caïd, un despote, un dictateur sanguinaire, et ils étaient tétanisés par la trouille, au point d'être incapables de lui dire la vérité ? Dès que M. Gbagbo est tombé, ils ont retrouvé leur courage, pour aller faire allégeance à M. Ouattara au Golf Hôtel. Et les langues se délient. On félicite même le président Ouattara pour *''sa brillante élection''*, comme si les résultats de la présidentielle venaient tout juste d'être proclamés.

Certes, il n'est jamais trop tard pour bien faire. Mais Dieu, qu'ils avaient peur de Laurent Gbagbo ! Mieux que quiconque, mieux que nous autres, qui n'étions pas avec M. Gbagbo, eux savaient de quoi ce dernier était capable, pour assurer son maintien au palais présidentiel. Tous ont agi sous ses ordres, ont dit ce qu'il voulait entendre, ou se sont tus, pour ne point le contredire, jusqu'à ce que M. Gbagbo fonce droit dans le mur, et se casse la tête ! Et les voilà libérés, et les voilà qui retrouvent l'usage de leur langue, pour reconnaître ce que nous savions depuis fin novembre 2010 : la défaite électorale de Laurent Gbagbo.

La peur de tout ce beau monde, issu de son propre camp, montre bien à quel point M. Gbagbo était craint. Son pouvoir était semblable au règne du lion dans la jungle. Aussi bien ses alliés que ses adversaires avaient peur de lui, et il avait l'illusion que cette trouille était de la vénération. Il pensait que la crainte qu'il inspirait à tous était de l'amour envers sa personne. C'est pourquoi il tombe tout seul, et eux, restent debout. La république continue, et ces messieurs et dames veulent y prendre leur place, aussi réduite désormais soit-elle.

M. Gbagbo, tu es vraiment un homme seul, comme Créon, à la fin d'**Antigone** de Jean Anouilh. Ils avaient si peur de toi, mais ils ne te craignent plus, depuis que tu es devenu un prisonnier, tandis qu'eux sont libres de leurs mouvements. Ils ne te craignent plus, car tu ne disposes plus d'armée plus les trucider. Ils ne te craignent plus, depuis que tu ne peux plus téléphoner à qui que ce soit. Ils ne te craignent plus, depuis que ton emprisonnement les a définitivement libérés. Ils confirment ainsi que tu n'étais qu'un dictateur sanguinaire, prêt à zigouiller collaborateurs et adversaires politiques, pour satisfaire ta boulimie du pouvoir. Pauvre dictateur !

Dr Famahan SAMAKÉ
Ph.D.
Royaume-Uni
21 avril 2011

MES DERNIÈRES VÉRITÉS SUR LA REFONDATION

Ci-gît la refondation : 25 octobre 2000 - 05 avril 2011. Morte à l'âge de 10 ans, 5 mois et 11 jours. Quel est donc le bilan du Front Populaire Ivoirien, au sommet de la Côte d'Ivoire, au moment où il tire sa révérence ?

Le 25 octobre 2000, Laurent Gbagbo prêtait serment, comme président d'une République en pleine marche : les institutions fonctionnaient, l'économie tournait, l'administration publique fonctionnait, les infrastructures éducatives, routières et sanitaires fonctionnaient, et les habitants de ce pays étaient au travail et se nourrissaient.

A contrario, au moment où son régime s'écroule le 5 avril 2011, plus rien de tout cela ne fonctionne : les cadavres jonchent les rues d'Abidjan, si bien qu'on les brûle, pour contenir une épidémie de choléra, qui est désormais inévitable ; l'odeur pestilentielle de la mort envahit les narines ; plus personne ne peut se nourrir ; plus aucune banque n'est ouverte ; plus aucune administration n'existe ; plus aucune institution ne fonctionne ; plus personne ne travaille dans ce pays ; plus aucune infrastructure socio-économique ne fonctionne ; plus aucun service éducatif ou hospitalier ne fonctionne correctement. Pour tout dire, le pays s'est arrêté de fonctionner ; les cités universitaires sont devenues des poudrières, tandis que les étudiants ont été transformés en miliciens armés, au service du FPI ; de nombreuses autres milices ont été mises sur pied, et armées de kalachnikovs, par le FPI, et elles pillent et tuent impunément dans ce pays. C'est un véritable pays mort qui s'est mis en place.

Est-ce donc cela que le FPI nous avait promis ? Peu importe la réponse à cette interrogation. Le fait est que c'est cela l'héritage de l'exercice du pouvoir d'État, par ce parti politique, foncièrement incompétent et fondamentalement violent. Un de ses plus hauts responsables précisait, cette semaine, que la crise a fait 10.000 morts, soit mille morts par an depuis qu'ils se sont retrouvés au sommet de l'État, à cause de la forfaiture de Tia Koné, président de la Cour Suprême, qui a, en octobre 2000, barré la route à la candidature à tous les candidats capables et sérieux.

À cause de la forfaiture d'un autre homme de droit (?), un certain Yao N'Dré, qui n'a rien compris à son devoir, le pays a encore sombré dans l'abysse. Nous compterons bientôt nos morts, mais d'ores et déjà, ces quatre derniers mois de crise manufacturée dans les laboratoires du FPI, ont coûté pas moins de 1.500 morts !

Pour de tels coûts humains, et pour un bilan général tel qu'exprimé dans le paragraphe plus haut, les Ivoiriens ne permettront plus jamais au FPI, d'exercer le pouvoir d'État dans ce pays. Et il prendra une véritable raclée aux législatives prochaines. Le FPI a tué la Côte d'Ivoire, et il convient que le pays le tue et l'enterre, politiquement. Il faut lui barrer à jamais la route, qui mène au pouvoir en Côte d'Ivoire. Le confiner à un rôle d'opposant permanent, telle est la mission. Et elle commence dès aujourd'hui.

Dr Famahan SAMAKÉ
(Ph.D.)
Royaume-Uni,
08 avril 2011

OÙ EST DONC PASSÉE L'ARMÉE DES ANGES DE LAURENT GBAGBO ?

Il n'y a pas si longtemps, Simone Éhivet Gbagbo et Blé Goudé, au sortir d'un dîner succulent avec Jésus-Christ lui-même, avaient clamé que le Seigneur était définitivement de leur côté, et que l'armée des anges viendrait les secourir et leur assurer une victoire céleste ! Blé-la-machette conseillait alors aux jeunes Ivoiriens, de ne point prendre des armes, puisque l'Éternel des armées était avec eux.

Sauf que le dîner leur avait été servi par Satan, déguisé en Jésus, pour les abuser et les tenter. N'empêche, ils ont vendu cette hérésie et ce blasphème à des âmes sensibles et crédules. Des cérémonies de veillées de prières furent organisées, pour abuser l'opinion, et lui faire accroire que les refondateurs étaient des chrétiens. On a abusé le peuple, pour avoir la sympathie des chrétiens, et tenter de les opposer aux musulmans. Diviser pour régner. Mais cela n'a pas marché non plus, malgré les assassinats d'imams à Bassam, à Yopougon Wassakara et ailleurs.

Après ses interminables pénitences et prières adressées à Satan – car je ne peux croire qu'elle puisse croire vraiment en Dieu -, Simone a harangué les foules, en déclarant la guerre à tous les grands de ce monde : Obama, Ban Ki-Moon, Sarkozy et Alassane Ouattara. Elle était convaincue que l'armée des anges, promise par un prophète de Baal, Koné Mamadou Malachie, assurerait la victoire de son camp sur celui du chef bandit. Pour les cartésiens que nous sommes, il n'y avait cependant aucune possibilité, pour que M. Gbagbo et son clan s'en sortent contre la puissance de feu qui leur est tombée dessus. Qu'à cela ne tienne, car selon le prophète Malachie, Gbagbo gagnerait la guerre contre la Licorne, l'ONUCI et les FAFN, au sixième jour, grâce à l'intervention métaphysique de l'armée de Jésus, composée de preux chevaliers d'anges !

Alors, où est donc passée cette armée des anges combattant pour M. Gbagbo ? A-t-elle été démobilisée, et démoralisée sans doute, par le leadership poltron et mal inspiré du général de corps d'armée, Philippe Mangou ? Surtout que tous ces pasteurs, apôtres, prophètes, bishops, archbishops, évêques et messeigneurs, aux bouches fourbues et menteuses, remboursent les milliards qu'ils ont soustraits à M. Gbagbo et à Simone, au cours des dix dernières années. Ces milliards mal acquis, au moyen de fausses prophéties, qui firent croire au criminel de M. Gbagbo, qu'il était oint de Dieu, leur brûleront sûrement le ventre. Vivement plus aucun faux prophète à la bouche menteuse, qui mange à la soupe de l'État !

Dr Famahan SAMAKÉ
Ph.D.
Royaume-Uni
04 avril 2011

LA FIN DES MYTHES

Les mythes vont certainement tomber d'eux-mêmes. Bientôt, personne ne se souviendra qu'il fut un temps où Laurent Gbagbo était le Zeus de ce pays, le dieu qui lançait la foudre sur tous les opposants à son régime. On n'oubliera aussi que Simone était notre Héra, déesse vindicative, jalouse et hautaine. Les images diffusées sur TCI, ce lundi 11 avril 2011, sont passées par là.

On a vu, en effet, un Laurent Gbagbo déchu de l'Olympe, et précipité soudain sur terre, parmi les mortels que nous sommes. On l'a alors vu en sous-corps et en sueur, comme au temps où il était dans l'opposition. On l'a vu en train de s'essuyer avec une serviette blanche, comme à l'époque où il se mettait à la tête des nombreuses marches de protestation, qu'il organisait contre ''la dictature'' du PDCI. C'est cette triste réalité humiliante que le monde entier a vue, sur les différentes chaînes de télévision, qui restera dans les annales de l'histoire, pas le mythe du Laurent Gbagbo défenseur de la dignité de l'Afrique ! De même, disparaîtront les mythes du Laurent Gbagbo combattant anticolonialiste, celui du défenseur de nos richesses nationales, celui du nouveau concentré de Lumumba, de Sankara, de Mandela et de Nkrumah. Le mythe du Laurent Gbagbo libérateur de la Côte d'Ivoire et de l'Afrique ne survivra pas à l'histoire du dictateur Gbagbo, qui sera enseignée bientôt dans les écoles du continent africain. Le mythe du Laurent Gbagbo combattant intraitable, du Laurent Gbagbo *"woody"*, du Laurent Gbagbo guerrier et fin politicien, ne survivra pas non plus à cette image humiliante de la défaite.

Au total, on retiendra tous qu'après tout, Laurent Gbagbo n'était qu'un faible mortel fait de chair et de sang, comme nous tous. On retiendra tous qu'il avait peur de la mort qu'il distribuait pourtant à l'envi, à tous ceux qui osaient sortir dans la rue, pour manifester contre sa gestion calamiteuse de l'État. *"Ne me tuez pas !"*, aurait-il lancé à Vetcho, au moment de son arrestation.

Et de son propre aveu, il a commandé à feu Désiré Tagro, de sortir de son bunker, avec un mouchoir blanc, signe de reddition ! L'histoire retiendra cette sortie peu glorieuse, cette sortie pour le moins humiliante et inattendue, après une si longue défiance planétaire.

L'histoire retiendra non pas le mythe de Simone Gbagbo, la dame de fer, mais l'image d'une Simone Gbagbo réduite à sa plus simple expression ; celle d'une Simone affaissée, hébétée, le regard hagard, épuisée et couchée à même le sol, ravalant sa dignité, derrière ses yeux clos !

On retiendra, dans notre mémoire collective, l'image de cette dame devenue insignifiante, sale, mal famée, débraillée et décoiffée, aux cheveux grisonnants, sans beauté aucune, ni charme aucun. Le mythe de la Simone, homme fort du régime Gbagbo, s'est écroulé dans cette scène, où une foule hystérique lui arrache foulard et mèches, tout en lui asSénant quelques coups, comme à une vulgaire voleuse.

C'est vrai qu'elle et son mari s'étaient rendus coupables du vol du pouvoir d'État. Tout de même, tous leurs mythes se sont brisés, l'espace de quelques minutes d'images télévisées, qui ont fait le tour de la planète. La distance entre grandeur et décadence n'a jamais été aussi courte !

Dr Famahan SAMAKÉ
Ph.D.
Royaume-Uni
12 avril 2011.

TIRER LES LEÇONS DE L'ÈRE GBAGBO

Dans le parcours des hommes, comme dans celui des nations, il est des moments de grandes tragédies, dont il faut tirer les leçons, au risque de les voir se répéter. Le règne de M. Gbagbo, d'octobre 2000 à avril 2011, est un de ces moments de tragédie pour la Côte d'Ivoire.

Aussi, avons-nous l'impérieuse obligation d'en tirer toutes les leçons, afin d'éviter que notre histoire récente ne se répète : charniers, corruption à ciel ouvert, gabegie surréaliste, importation de déchets toxiques, xénophobie et racisme exacerbés, populisme et démagogie, comme mode de gestion et de conservation du pouvoir, rébellion armée, coups d'État, confiscation du pouvoir après une défaite électorale cuisante, et guerre civile.

À mon avis, un tel exercice pédagogique nous ramène à au moins deux choses : les institutions républicaines et la constitution. Pour les premières, on ne le dira jamais assez, il nous faut des institutions fortes, dirigées par des hommes et des femmes intègres. J'entends par là, des personnalités qui ne soient pas à la botte du pouvoir exécutif, mais qui puissent faire leur travail en toute probité, et en toute indépendance. C'est ce qui a manqué justement à Tia Koné, en septembre 2000, lorsqu'il a disqualifié le président Henri Konan Bédié et le premier ministre

Alassane Ouattara, dans leur tentative de briguer le suffrage de leurs concitoyens. La conséquence, on la connaît : Laurent Gbagbo, un populiste démagogue et fondamentalement incompétent, s'est hissé au sommet de l'État, par défaut.

Cet homme n'aurait jamais eu la moindre chance de conduire la destinée de la Côte d'Ivoire et de la détruire, comme il l'a fait, en dix ans, si Tia Koné avait dit le droit, au moment où la nation le lui demandait.

Par ailleurs, nous devons à son confère, Paul Yao N'dré, la crise postélectorale aigüe et la guerre qui l'a conclue. Cet autre président d'institution républicaine a refusé de dire le droit, au nom de la nation, pour rendre plutôt service à un ami personnel. La conséquence en fut la guerre qui a embrasé le pays, entre le 28 mars et le 10 mai 2011.

Même après la chute de M. Gbagbo, le 11 avril, la guerre affreuse s'est poursuivie à Yopougon et dans le sud-ouest du pays, simplement parce qu'un homme avait failli à sa mission, qui consistait à valider, ou à invalider – et non à inverser - les résultats de l'élection, tels que proclamés par la CEI. Il faudra prendre toutes les dispositions utiles, afin que plus jamais, des institutions de la république, ne se prostituent ainsi pour faire plaisir au chef de l'exécutif. Il nous faudra des institutions fortes, dirigées par des personnalités irréprochables et incorruptibles, et qui puissent faire leur travail en toute transparence et indépendance d'esprit.

Ensuite, il faut revoir la constitution ivoirienne d'août 2000, qui a semé les germes de la guerre que nous avons connue. Elle doit être dépouillée de toutes les dispositions confligènes, notamment les dispositions relatives aux conditions d'éligibilité à la présidence de la République, en plus de celles qui établissent des clivages entre les citoyens de ce pays. Il y a, dans notre constitution, en effet, des dispositions qui les cataloguent en trois catégories : les vrais Ivoiriens, qui jouissent de tous les droits, y compris le droit de postuler à la présidence de la République ; les demi-Ivoiriens, qui ont beaucoup de droits, y compris celui d'être candidats aux législatives, mais qui ne sont point éligibles à la présidence de la République, et enfin, les Ivoiriens par charité, qui n'ont que des devoirs – celui de voter pour les autres notamment – mais qui ne peuvent être candidats à aucune élection.

Rien n'indique mieux cet apartheid à l'ivoirienne, que les certificats de nationalité de couleur orange - pour les Ivoiriens nés en Côte d'Ivoire -, celui de couleur blanche - pour les Ivoiriens nés à l'étranger - et enfin le certificat vert - pour les naturalisés Ivoiriens. Je mets au défi quiconque, de me dire, dans quel autre pays au monde, les citoyens sont catégorisés selon la couleur de leur certificat de nationalité.

Il faudra également clarifier notre constitution, pour pallier les manquements constatés ces dix dernières années. Par exemple, notre constitution ne nous dit pas ce que l'on doit faire, si les élections générales n'ont pas lieu dans le délai constitutionnel de cinq ans. Depuis 2005, M. Gbagbo et son clan ont pris le pays en otage, sans se soumettre au suffrage universel, et sans que nous ne sachions comment les déguerpir. Il nous a fallu deux résolutions onusiennes, en 2005 et 2006, pour proroger le mandat de M. Gbagbo à la tête de l'État, par deux fois.

Ensuite, il s'y est maintenu grâce à l'Accord Politique de Ouagadougou, pour trois ans et sept mois supplémentaires. Même battu dans les urnes, M. Gbagbo s'est maintenu indûment à la présidence, quelque cinq autres mois supplémentaires, et s'y maintiendrait indéfiniment, s'il n'avait été défait militairement. Il faut que notre constitution puisse remédier à ces tares de notre démocratie naissante, afin que plus jamais, un président et/ou une législature, ne prorogent incessamment leurs mandats, sous quelque prétexte que ce soit.

La loi fondamentale devra clarifier pendant combien de temps le pays peut fonctionner sans élection générale. Car nous ne voulons plus de quinquennat qui dure une décennie, ou une éternité. Voilà que nos députés sont dans la onzième année de leur quinquennat, sans que personne ne se demande si cela a du sens. Il est enfin temps que nous sortions de l'État informel de la plantation de cacao, pour bâtir une république moderne et policée.

Dr Famahan SAMAKÉ
Ph.D.
Royaume-Uni
5 juin 2011

LA MÈRE DE TOUTES LES PROPHÉTIES: AINSI ARRIVA LE 33ème JOUR DE MALACHIE

Jésus fut crucifié un vendredi, et, conformément à la prophétie, il ressuscita au troisième jour, c'est-à-dire, le dimanche suivant. Se fondant sur ce schéma, un certain Koné Mamadou Malachie, pasteur de son état à Ouragahio, et prophète autoproclamé, avait prédit la victoire fantastique de M. Gbagbo sur ses ennemis, au sixième jour de guerre. La guerre dura quinze jours, sans que l'armée des preux anges ne descendît sur terre pour sauver le soldat Gbagbo. Cependant, pour consoler les plus fervents supporters de M. Gbagbo, le prophète des temps nouveaux qu'est Malachie, a semble-t-il laissé entendre que finalement, c'est au trente-troisième jour de sa chute du pouvoir, que M. Gbagbo serait rétabli miraculeusement, sur son trône présidentiel.

Et depuis cette énième prophétie, ces fanatiques de supporters sont revigorés et pleins d'espoir chimérique. Malgré la déchéance spectaculaire de leur mentor, le 11 avril dernier, ils se mettent à rêver de lendemains qui chantent. Dieu devrait après tout prouver sa grandeur et sa puissance, en rétablissant Laurent Gbagbo dans ses prérogatives de président de la République de Côte d'Ivoire, au trente-troisième jour de sa chute. À partir du 11 avril 2011, le compte tombe sur le vendredi treize mai 2011, c'est-à-dire, dans quelques heures!

À moins que Malachie ne soit décidément un affabulateur invétéré, M. Gbagbo devrait retrouver toute la plénitude de sa présidence, dans quelques heures seulement. Pour y parvenir, il devrait s'affranchir de sa mise en résidence surveillée ; il devrait ensuite retrouver son palais présidentiel au Plateau, même si je doute qu'il puisse retourner vivre dans sa résidence présidentielle de Cocody Ambassades. Cette dernière a été complètement dévastée par les bombardements de la Licorne et de l'ONUCI, au point qu'il ne s'agit plus que d'un taudis, qu'il va falloir raser, en vue d'une reconstruction totale.

Je ne crois pas que M. Gbagbo ira vivre au Golf Hôtel, en attendant l'achèvement de ces travaux de reconstruction. Sans doute, ira-t-il habiter l'Hôtel Ivoire, en attendant que le luxe et le lustre de sa résidence d'antan soient restaurés. En tant que refondateur en chef, cela ne devrait lui poser aucun problème, j'imagine.

Je suis toutefois surpris, et même stupéfait, devant la somme de crédit que certains esprits accordent à cette énième prophétie du sieur Malachie, après qu'il a eu tout faux depuis le début. Certains de mes amis, qui résident en Europe, se permettent même de promouvoir cette escroquerie morale, qui ne mérite même pas d'être hissée au rang de pure illusion. L'illusion a le mérite d'être plausible. Dans un monde virtuel ou idéal, l'illusion est donc possible et réalisable.

Mais dans ce cas précis, la prophétie de Malachie n'est même pas plausible, puisque nous sommes dans un monde réel; même dans un monde imaginaire, M. Gbagbo ne saurait retrouver son fauteuil présidentiel, ni ce vendredi treize mai, ni beaucoup plus tard. Son pouvoir est fini, depuis le 11 avril 2011, et aucune prophétie de quelque Malachie que ce soit ne saurait le rétablir miraculeusement.

La politique est la saine appréciation des réalités du moment, comme le dit si bien M. Laurent Dona Fologo, et il serait salutaire, pour les fanatiques de M. Laurent Gbagbo, de s'approprier cette définition, sans plus tarder.

De cette façon, ils pourront au moins faire le deuil du pouvoir Gbagbo, et se rendre compte de ce que la vie continue sans leur mentor. Autrement, ils iront d'illusions en illusions, et de fausses prophéties en fausses prophéties. Le réveil n'en sera que plus brutal !

Dr Famahan SAMAKÉ
Ph.D.
Royaume-Uni
12 avril 2011

www.ingramcontent.com/pod-product-compliance
Lightning Source LLC
Chambersburg PA
CBHW052053110526
44591CB00013B/2193